BUR ragazzi
Rizzoli

Liliana Segre
con Daniela Palumbo

FINO A QUANDO LA MIA STELLA BRILLERÀ

BUR Rizzoli ragazzi

Certificato PEFC

Questo prodotto è realizzato con materia prima da foreste gestite in maniera sostenibile e da fonti controllate

PEFC/18-31-226

www.pefc.it

Questo libro è fabbricato da Grafica Veneta S.p.A.
con un processo di stampa e rilegatura certificato 100% carbon neutral
in accordo con PAS 2060 BSI

Liliana Segre desidera ringraziare in modo speciale Daniela Palumbo per l'attenzione e la sensibilità che ha messo in questo lavoro.

Per volontà di Liliana Segre, il ricavato derivante dai propri diritti sarà devoluto all'associazione Opera San Francesco per i poveri Onlus di Milano.

Pubblicato per

BUR Rizzoli

da Mondadori Libri S.p.A.

Published by arrangement with The Italian Literary Agency

Prima edizione Edizioni Piemme S.p.A.: gennaio 2015
Prima edizione BUR ragazzi: gennaio 2023
Terza edizione BUR ragazzi: luglio 2023

ISBN 978-88-17-17928-7

Che siamo schiavi, privi di ogni diritto, esposti a ogni offesa,
votati a morte quasi certa, ma che una facoltà ci è rimasta,
e dobbiamo difenderla con ogni vigore perché è l'ultima:
la facoltà di negare il nostro consenso.

Primo Levi, *Se questo è un uomo*

Prefazione

di Ferruccio de Bortoli

Chi salva una vita salva il mondo intero, recita un detto del Talmud. Ma anche chi racconta la propria vita può contribuire a salvarlo. Soprattutto se è una vita eccezionale. Una vita che ne racchiude idealmente tante altre che non ci sono più. Liliana Segre scoprì all'età di otto anni di essere diversa dai suoi compagni. Diversa perché ebrea. Le leggi razziali le proibirono di frequentare la sua amata scuola. Espulsa. Un'infamia italiana, e sottolineo italiana, che tutti più o meno conosciamo, ma di cui forse abbiamo perduto con il tempo la dimensione della ferocia oltre che dell'ingiustizia. Provate voi che leggete questo testo a immaginare che un giorno voi o i vostri figli non possiate più andare a scuola, né uscire di casa senza essere additati come "sporchi ebrei" o insultati, per non dire di peggio. E parliamo soltanto di una delle terribili conseguenze delle leggi razziali del 1938, solo di una fra le tante che ancora sono scolpite nella vergogna nazionale della nostra storia.

E provate a pensare che un giorno la vostra famiglia per lo stato non esista più. Come cancellata. E per giunta esposta al dileggio del pregiudizio, al populismo dell'ignoranza.

Quando abbiamo cominciato a costruire il Memoriale della Shoah di Milano, al Binario 21, da cui è partita anche lei per Auschwitz il 30 gennaio del 1944, Liliana ha voluto che venisse apposta all'ingresso una scritta a grandi caratteri: "Indifferenza". La malattia della società che spalanca la porta ai carnefici, anzi crea loro il terreno favorevole: qualche giustificazione affrettata e persino apparenti ragioni fondate sull'ignoranza e la viltà. Un'indifferenza generale, di cui non si coglie al momento la portata devastante di violenza e pregiudizio. Perché se qualcuno ti affronta, scrive Liliana in questo libro, e ti vuol fare del male tu ti difendi. Ma quando tutto succede nel silenzio generale, come fu allora, come fai a difenderti? Da che cosa? Le amiche non le parlarono più, non la invitarono più. Quanta intima violenza è nascosta in piccoli quotidiani gesti di indifferenza. Anche una volta tornata a casa, a guerra conclusa, Liliana si scontrò con questo sentimento di egoismo e di ignoranza. Sopravvissuta alla Shoah, dovette per lunghi anni scontare anche lo sguardo assente dei suoi concittadini ritrovati, quasi dovesse ancora pagare per una colpa propria, l'essere ebrea. Quasi dovesse ringraziare per essersi salvata. Si capisce perché, così a lungo, gli ebrei sopravvissuti non parlarono della persecuzione. Avevano la sensazione che non sarebbero stati capiti, ma giudicati ancora una volta. Molti provarono persino vergogna e cercarono di cancellare l'orrore dalla loro stessa memoria in una faticosa ansia di normalità. I "giusti" non mancarono. Non furono nemmeno pochi. Anche nella storia di Liliana: Susanna, la domestica della nonna; i signori Pozzi, che la ospitarono in Val d'Ossola; Luigi Strada, amico del padre, che si offrì di accompagnarla a Castellanza nei mesi trascorsi da sfollati dopo l'8 settembre e nel tentativo fallito di fuggire in Svizzera. Oppure Violetta, che l'abbracciò piangente quando nel carcere di Varese fu separata dal padre e che ritrovò nei quaranta giorni trascorsi a San Vittore prima della deportazione dal Binario 21 della Stazione Centrale.

Liliana nel lager non era una persona. Era un corpo, per fortuna giovane e integro, capace di resistere al freddo e alla fame. Era un pezzo, con quel numero che restò inciso per sempre nella sua pelle. Ma conservò la libertà di pensare, di sognare, di immaginarsi altrove, di aggrapparsi a una stella solitaria nel cielo che copriva un panorama di morte. Non concesse ai suoi carcerieri il dominio della sua mente, la soddisfazione di cominciare a morire dentro. Non si arrese mai. Elevò davanti a sé una sorta di barriera che le impediva di guardare tutte le atrocità che venivano commesse intorno a lei. Per sopravvivere, per non spegnersi nella rassegnazione. I nazisti non riuscirono a ridurla a un pezzo informe. E nemmeno a infondere in lei un desiderio di vendetta. Quando ebbe la possibilità di impugnare una pistola e sparare a un suo carceriere non lo fece. "Non diventerò mai come voi." Gli aguzzini cominciarono a essere sconfitti così, molto prima dell'arrivo degli Alleati e della liberazione.

Il lettore può immaginare la gioia che colse Liliana al suo rientro a Milano, nell'estate del 1945, accompagnata da un'amica di sventura, Graziella Cohen, ma non quanto sia stato difficile e lungo il ritorno alla normalità. La società, i suoi stessi familiari che l'avevano accolta, erano percorsi dall'ansia e dal bisogno di dimenticare in fretta. Lei non poteva dimenticare. Era partita con un papà che non era più tornato, come i nonni paterni. Non era rientrata – e non rientrerà più – nella sua casa di corso Magenta. Indietro negli studi, il rapporto con i propri coetanei complesso e inesistente. Poi l'incontro con Alfredo, anche lui prigioniero durante la Repubblica di Salò, l'amore e il matrimonio a soli vent'anni.

Liliana decide di diventare testimone della Shoah soltanto nel 1990. Non so quante migliaia di volte abbia parlato, ricordato e rivissuto in pubblico il proprio dolore. Io le sono stato accanto in numerose occasioni e ne ho colto appieno fatica e struggimento. Sono stati momenti di grande emozione, di cui le sono grato. Vissuti insieme a centinaia di ragazzi che attraverso le sue parole hanno capito quanto possa essere profondo l'abisso del male e quanto sia facile e persino invitante la strada per arrivarci. Attimi che hanno restituito alla vita, attraverso la memoria, il padre di Liliana, i nonni, l'amica Janine e i tanti che hanno condiviso con lei la tragedia della Shoah. Ritornate persone, anziché pezzi e numeri incisi. Ritornati fra noi grazie alle virtù balsamiche della memoria. Già, la memoria, il prezioso e a volte introvabile antibiotico della civiltà.

Al mio meraviglioso papà che è il passato,
e ai miei amati nipoti Edoardo, Davide e Filippo
che sono il futuro.
L.S.

Prologo

Ecco come Alberto, figlio di Liliana Segre, ricorda il nonno.

Io porto il nome di mio nonno Alberto, che mia mamma mi ha insegnato a conoscere e ad amare, che sento sempre con me... in ogni finestra che si apre spinta dal vento, in ogni goccia di pioggia che cade dal cielo, con la mano sulla mia testa. Il mio nome significa: rinascita, voglia di vivere, rivincita... Mio nonno, sebbene privato di una tomba, sebbene ucciso e le sue ceneri fatte passare per un camino, attraverso la memoria e l'amore, mio nonno vive.

Il filo invisibile della memoria,
a cura di Ferruccio de Bortoli, Fabbri 2014

Nonna, mi racconti di quando eri bambina?

Questo libro nasce da una domanda di Filippo a sua nonna Liliana.

Filippo sa che la storia della sua nonna, alta e forte, è diversa da quella dei nonni dei suoi compagni. Sa che Liliana è "famosa", viene invitata nelle scuole e incontra tanti ragazzi per raccontare loro una parte della sua vita che riguarda l'umanità intera. Ma Filippo è un bambino e non sa ancora cosa c'è per davvero dentro quella Storia, non conosce i ricordi di nonna Liliana bambina.

Così, lei ha cominciato a raccontare. Per tanti anni Liliana non ha voluto parlare, non riusciva a trovare le parole. Poi, qualcosa le è scattato dentro, lo spiega lei stessa: "Lo dovevo alle persone che sono morte nei lager. Occorre fare memoria per tenere vivo il ricordo di tanti innocenti. Volevo anche ricordare i Giusti, tutte le persone che sono state vicine a me e alla mia famiglia, in quel tragico periodo".

Quando racconta la sua storia nelle scuole, Liliana porta con sé una speranza: che i ragazzi, i più tenaci e sensibili, diventino avamposti di pace e da adulti diventino custodi del bene, attenti a non far crescere i semi di odio e disprezzo che hanno permesso che tutto questo accadesse.

E la mia speranza è che alla fine di queste pagine quei giorni d'infanzia e adolescenza che Liliana ci ha donato diventino anche un po' nostri. Saranno di tutti.

Eppure – e questo è il grande dono di Liliana – conserveremo anche la speranza, la forza e l'amore per la vita che trasmette la sua testimonianza. Abiterà nei nostri cuori l'immagine di quella ragazzina che, rinchiusa nel campo di Auschwitz-Birkenau, ogni sera guardava il cielo e cercava la sua stella. Poi, ripeteva dentro di sé: "Finché io sarò viva, tu, stellina, continuerai a brillare nel cielo. Stai tranquilla, io non morirò. Io sarò sempre con te".

Daniela Palumbo

Prima Parte

Il papà e la bambina

La reginetta della casa

Sono nata il 10 settembre 1930. Il mio primo ricordo è un triciclo. Avevo quattro anni e ogni mattina, appena mi alzavo, montavo sul mio bolide e mi mettevo a scorrazzare avanti e indietro lungo il corridoio della casa dove abitavo con il mio papà e i nonni.

La mia casa, in corso Magenta 55, a Milano, era un appartamento grande con un corridoio lungo lungo che io percorrevo a tutta velocità sul triciclo, almeno sessanta volte al giorno. E non stavo mai ferma un momento! Se era bel tempo andavo ai giardini ma d'inverno, quando a Milano la nebbia scendeva e copriva le case e le persone facendole diventare invisibili, consumavo le ruote del mio triciclo. La nonna Olga e la balia Caterina dovevano sopportare per tutto il giorno il rumore del mio bolide, tanto sapevano che mi avrebbero dovuto legare per farmi smettere!

Poi, quando arrivava papà, mi calmavo. Diventavo il suo

angelo, anche se un po' pestifero. Mio papà era bellissimo. Si chiamava Alberto. Mia mamma invece si chiamava Lucia e anche lei era molto bella. Solo che non stava con noi.

Era morta a venticinque anni, due anni dopo il matrimonio.

Papà era rimasto vedovo con una bambina piccolissima da crescere, così era a tornato a vivere con i suoi genitori.

Io avevo meno di un anno quando la mamma era morta, non potevo ricordarla. Però la vedevo in ogni angolo della casa. Papà, infatti, aveva messo le sue fotografie dappertutto. Quando correvo per la casa con il triciclo mi ritrovavo davanti questa donna bellissima che, però, io non conoscevo. Accanto alle foto non mancavano mai i fiori freschi, papà non si dimenticava mai di cambiargli l'acqua.

Un giorno chiesi alla nonna Olga: «Ma chi è quella signora?».

E nonna rispose con la voce triste: «Liliana, lei è la tua povera mammina».

Non avendo mai avuto nessuno da chiamare "mamma" non sapevo bene cosa avessi perso e per me restava un mistero perché papà ci tenesse tanto a mettere sempre i fiori freschi vicino alle sue foto. Ma da allora, per me, quella giovane signora che vedevo in corridoio restò sempre: *la mia povera mammina.*

Ovviamente, essendo io l'unica bambina, ero la reginetta della casa. Super amata, super viziata, super adorata da papà e dai quattro nonni: quelli con cui abitavo – nonna Olga e nonno Giuseppe, detto Pippo – e gli altri due che erano i genitori della mia mamma, Bianca e Alfredo.

I nonni materni, pur non abitando con me, erano molto presenti. Venivano quasi tutti i giorni a trovarmi. Solo che nonno Alfredo, quando mi vedeva, spesso piangeva. Gli ricordavo sua figlia Lucia. Io lo guardavo piangere e non capivo il motivo, lo fissavo stupita e poi mi stancavo. La nonna Bianca, invece, era la mia preferita. L'adoravo. Indimenticabile nonna straordinaria! Passavamo interi pomeriggi a giocare. A me sembrava vecchia ma in realtà quando io ero piccola, nonna Bianca era ancora giovane e bellissima. Sempre truccata e con i suoi abiti eleganti. Eppure, quando arrivava a casa nostra diventava come una bambina, la mia compagna di giochi preferita. Si metteva con me sul tappeto della mia camera e iniziavamo a inventare giochi. Usavamo pezzi di stoffa o vecchi vestiti per travestirci, oppure improvvisavamo delle storie. Lei era bravissima a recitare: faceva la voce da bambina piccola o da nonna cattiva, da orco, da fantasma, da bellissimo angelo... era fantastica!

Nonostante non avessi la mamma, ero una bambina felice, l'affetto non mi mancava. Ero anche molto fortunata: avevo due stanze tutte per me, una era la camera da letto, vicina a quella del mio papà, nell'altra invece c'erano solo giocattoli! Quando venivano le amichette a trovarmi mi dicevano sempre: «Beata te. Vorrei avere anche io una stanza solo per i giochi!».

L'altra nonna, Olga, con la quale vivevo, la mamma del mio papà, era una donna molto diversa da Bianca. Era severa e riservata, e io non sono stata mai molto gentile con lei, anzi le facevo un sacco di dispetti! Povera nonnina. Non poteva reggere il confronto: nonna Bianca mi faceva giocare e non mi sgridava mai, sorrideva sempre, era allegra, mi prendeva in braccio e mi coccolava anche quando facevo i capricci... Con una nonna così, non c'era gara!

Però poi mi sono ricreduta... Quanto coraggio in nonna Olga nei momenti tragici della sua vita, quando nonno Pippo era malato e stanco e i nazisti li portarono lo stesso ad Auschwitz... Nonna Olga non si perse mai d'animo e lo sostenne fino all'ultimo momento.

Il mistero della carrozza

Se ero una bambina felice, era merito di mio papà. Dalla morte della sua Lucia lui ha vissuto per me, mi ha dedicato la sua vita ed è riuscito a non farmi sentire la mancanza della mamma. Bastava che lui fosse in casa e io ero felice. Bastava che si uscisse per andare a comprare le scarpe o il cappotto nuovo, o anche solo una merenda. Io camminavo accanto a lui e gli stringevo la mano, lo guardavo e sentivo il mio cuore cantare. Con papà ero curata, amata, protetta. Sempre.

Lo dicevano tutti: «Guarda Liliana com'è felice insieme al suo papà».

A volte si metteva addirittura a chiedere consigli alle mamme delle mie amichette. Cosa dovevo indossare l'inverno e cosa andava bene per l'estate, per esempio. O cosa fosse meglio darmi da mangiare, se fosse più sano un po' di riso oltre alla solita pastasciutta, o se troppi dolci potevano far male. Dove fosse meglio comprare le scarpe, e quante visite mediche era opportuno fare, quali sport facevano le altre bambine, quanto tempo era giusto dedicare ai compiti... e le mamme rispondevano con dolcezza, come se fosse un altro figlio da educare. Papà sorrideva e ringraziava. Riceveva così tanti consigli che poi per decidere seguiva quelli che erano più vicini al suo modo di pensare, oppure chiedeva ai nonni. Insomma, voleva che quello che mi riguardava fosse perfetto. Era fatto così. Il suo carattere pignolo e preciso non lasciava spazio all'improvvisazione. Ma c'era anche un altro motivo: senza mamma Lucia, qualunque decisione la doveva prendere da solo. E non voleva sbagliare.

Io e lui facevamo tutto insieme. Era lui, per esempio, che mi portava per negozi, o in cartoleria a comprare il materiale per la scuola, o in libreria per acquistare un libro di lettura. Insieme sceglievamo anche gli sport. Però io su questo non gli davo molta soddisfazione. Ero una frana! Lui, che era così atletico perché amava tutti gli sport, non si capacitava di avere una figlia così!

Papà era presente in tutti gli angoli della mia vita. Per questo, nei momenti in cui non sorrideva o stava per conto suo con il viso triste, io avevo imparato a capire: pensava alla mamma, gli mancava tantissimo la sua Lucia.

Mi faceva stare male vederlo così, eppure non potevo farci niente.

Avrei voluto scuoterlo, parlargli, dirgli che io ero lì con

lui, avrei voluto fare qualcosa per far sparire lo sguardo triste che scendeva all'improvviso, ma imparai presto che era meglio non chiedergli niente della mamma e di quello che provava. Le volte che lo avevo fatto, avevo letto nei suoi occhi una sofferenza che non dimenticherò mai. Stava male e non riusciva a nasconderlo se parlava di Lucia al passato. Allora non gli chiesi più niente.

Anche io, comunque, pensavo alla mamma. E un giorno mi venne in mente l'idea che forse lei non era morta...

Vicino a casa mia, proprio di fronte alla chiesa di Santa Maria delle Grazie, c'è tuttora un palazzo molto bello. Lì sotto c'era sempre una carrozza, chiusa. Di solito a Milano le carrozze erano aperte, ma quella, invece, era sempre chiusa ed era sempre sotto il portone del palazzo. La vedevo ogni volta che uscivo da scuola. Era lì, a pochi metri da me, ma non riuscivo a vedere l'interno come avrei voluto: chi si nascondeva dentro la carrozza? All'inizio ero solo curiosa: "Chissà perché è sempre ferma lì allo stesso posto e proprio quando io esco da scuola... Secondo me quella carrozza nasconde un segreto" pensavo.

Un giorno mi venne l'illuminazione!

"C'è la mia mamma lì dentro, ci scommetto." Giorno dopo giorno, me ne convinsi. Ogni volta che uscivo da scuola mi immaginavo che mamma scendesse dalla carrozza e si facesse vedere da me. Come sarebbe stata? Bella come nelle foto? O di più? E cosa mi avrebbe detto? Avrei scoperto il suo segreto: "Forse non è morta, è solo fuggita dalla nostra casa" pensavo "e adesso chissà dove vive. È qui per me sicuramente, per guardarmi da lontano quando esco dalla scuola. Ma chissà perché è fuggita da papà...". Questo in effetti mi sembrava impossibile: non si poteva fuggire da papà. Ma che ci fosse mia madre lì dentro che mi osservava senza che nessuno la riconoscesse, sì che era possibile. Almeno per me. Tutti i giorni mi veniva la tentazione di andare fino alla carrozza e aprirla per vedere se davvero lì dentro ci fosse la mamma. Ma non lo feci mai. E neppure raccontai la storia a casa. Non dissi mai niente a nessuno.

Nella mia testa c'era un ordine che nessuno in realtà aveva mai esplicitato a casa, ma era sottinteso: era meglio per tutti se non si nominava Lucia e non si facevano domande su di lei. Era una di quelle cose che si sentono nell'aria. Si sanno e basta.

Addirittura mio papà era arrivato al punto che nei libri che mi leggeva la sera sostituiva la parola "mamma" con la parola "nonna". Io sapevo perché lo faceva e facevo finta di niente. Provavo tanta pena per il mio papà che soffriva e gli ero talmente vicina che dentro di me cominciai a prendermela con la mia povera mamma.

Avevo da poco compiuto undici anni. Un giorno papà mi disse: «Liliana, oggi andiamo a trovare la tua mamma al cimitero. Non ti ho mai portata prima perché eri piccola, ma adesso è tempo che tu veda dove è sepolta. Che ne dici?».

E che dovevo dire? Non me l'aspettavo. Papà che non voleva mai parlare di mamma, che non riusciva a raccontarmi niente di lei, papà che evitava di leggere la parola "mamma" in un libro, adesso voleva andare insieme a vedere la sua tomba?

«Va bene, papà» dissi solamente. Avevo capito che era una cosa importante per lui. Non avrebbe certo accettato un rifiuto. E poi ero curiosa anche io di vedere la tomba di mamma. "Chissà quanti fiori" pensavo. Quella mattina ero emozionata. In fondo, andavo nel luogo dove c'era mia madre. Sì, lei non c'era più nel mondo, però pensare che l'avevano sepolta lì... be', mi faceva un certo effetto. Non lasciai la mano di papà fino a quando non arrivammo nella parte ebraica del Cimitero Monumentale di Milano.

Ma quella di mamma non era una tomba come le altre, almeno non era come me l'aspettavo io: una lastra poggiata in terra, con il nome grande, la foto e i fiori freschi, accanto ad altri sconosciuti che non c'erano più. Invece, entrammo in una specie di cappella in miniatura, bellissima, ricoperta di marmi chiari e di scritte dorate. C'erano tanti fiori dappertutto, bianchi, come nella tradizione ebraica. Papà mi disse che era stato il mio bisnonno, quando aveva perso la nipote prediletta, a farla costruire. Entrai in punta di piedi. Mi sembrava quasi di disturbare quel silenzio con la mia presenza.

Mi trovai lì, a guardare la fotografia di mia madre. L'avevo vista tante volte in casa, ma sentivo che in quel luogo aveva un significato diverso, era come andare a trovare Lucia a casa sua. Quasi che da quella foto lei potesse parlare.

Rimasi immobile. Non sapevo cosa dire. Guardavo papà per cercare un sorriso di incoraggiamento. Ma lì dentro lui sembrava assente. Proprio dove c'era la tomba di mamma notai una scritta molto lunga. Papà mi spiegò che era un'iscrizione e mi chiese di leggerla. Erano parole molto commoventi, pensai che le avesse scelte papà. Doveva averle scritte per la sua Lucia, per dirle addio a suo modo.

Alla fine della scritta c'erano delle parole che riguardavano me. Proprio me... C'era scritto che un giorno sarebbe venuta la figlia a "infiorare" quel luogo di pace e avrebbe ascoltato la voce materna che veniva dal cielo. Per questo papà mi aveva portata! Quel giorno era arrivato. Io però non ero preparata ad affrontarlo. Di nuovo mi sentivo impietrita. Incapace di muovermi. Poi, vedendo papà che singhiozzava in silenzio, iniziai a piangere anche io. Più forte di lui. Ma non per la mamma, come sicuramente avrà pensato papà. In verità io piangevo perché non sopportavo di vedere lui soffrire tanto. In quel momento preciso cominciai a essere arrabbiata con la mia mamma. Pensavo: "Perché ci ha lasciato? È colpa sua se papà è così triste!".

Tutti mi dicevano che mamma era una donna bella e speciale.

Un giorno nonno Alfredo mi raccontò che la figlia l'aveva sorpreso a piangere. Mia madre sapeva che soffriva per lei, perché era già malata, allora lo aveva consolato dicendogli: «Papino mio, non piangere perché io nella vita ho avuto tutto, ho avuto voi, ho avuto Alberto e ho avuto la bambina».

Ecco cosa mancava a mio padre: la sua forza e il suo amore per la vita.

Più crescevo e più il rapporto con mio padre diventava forte. Anche se papà era un tipo silenzioso, io non avevo certo preso da lui! Quando eravamo insieme non avevo bisogno che lui parlasse molto, lo facevo per tutti e due!

Insomma, ci si capiva e il bene che ci volevamo passava dentro quei silenzi e li rendeva speciali.

Ogni tanto capitava che papà si arrabbiasse con me per qualche motivo, ma non riusciva a essere davvero severo. Più che altro si dispiaceva del mio comportamento. Lo vedevo che diventava triste. Allora mi sentivo in colpa. Ma mi passava rapidamente, e ricominciavo subito a essere una peste!

«Liliana è fatta così, non è cattiva. Ha un carattere fin troppo esuberante, ma è simpatica» diceva nonno Pippo, che mi difendeva sempre.

Papà è solo mio!

A dieci anni iniziai a essere gelosa di papà. Non sopportavo se qualche giovane donna gli faceva gli occhi dolci. Nella mia testa non c'era posto per un'intrusa. Non pensavo a lui, al fatto che avrebbe avuto bisogno di una donna accanto. Non lo capivo, ero egoista. Più crescevo e più diventavo gelosa, proprio come una fidanzata. Se vedevo papà dare confidenza a qualche giovane signora, diventavo una iena!

Mio padre era giovane, elegante e bello. Ma, soprattutto, aveva un animo sensibile: prima di fare qualsiasi cosa si chiedeva se il suo gesto avrebbe potuto creare problemi a qualcuno. Amava gli animali e più erano indifesi, più cercava di proteggerli. Papà aveva un carattere riservato, non aveva tanti amici ma quei pochi gli erano molto cari. Dopo la morte di mamma si era chiuso tanto, faceva una vita ritirata per essere un uomo di trent'anni, vedovo, ma pur sempre giovanissimo: andava a letto alle nove e la sera non usciva mai. La sua passione erano i francobolli. Dopo cena poteva restare ore nel suo studio ad attaccare con gesti meticolosi quelle minuscole, preziose, stampe.

Eppure era un uomo di grande coraggio: pur essendo timido, non si tirava mai indietro se doveva difendere i più deboli. Era capace di fermarsi per strada a discutere con degli sconosciuti che stavano maltrattando un animale. Si era iscritto all'Ente Protezione Animali, la difesa di questi esseri indifesi poteva trasformarsi per lui, in qualunque momento, in un'accesa battaglia. Io capivo perché si arrabbiava tanto. Non c'erano leggi che difendessero gli animali dai maltrattamenti degli uomini. Per mio padre, il fatto che qualcuno approfittasse della debolezza di un altro essere per maltrattarlo era intollerabile. Amava in particolare i cavalli, forse perché erano un po' come lui: eleganti e fieri. Aveva una vera passione per quegli splendidi animali.

Era talmente estremo nel suo amore per gli animali che aveva smesso addirittura di guidare la macchina. Era andata così: un giorno gli si era spiaccicato sul cofano un grande uccello. Una tragedia! Si era sentito colpevole di averlo ucciso, anche se in realtà non aveva nessuna responsabilità. L'uccello si era scagliato da solo sulla macchina! Ma lui da quella volta non aveva più voluto guidare.

Persino quando vennero introdotte le leggi razziali che avevano cancellato ogni diritto per noi ebrei e all'improvviso le persone avevano cominciato a guardarci come fossimo pericolosi delinquenti non aveva cambiato atteggiamento.

In quel periodo non dovevamo farci notare perché rischiavamo anche di finire in prigione. Ebbene, una volta si mise a discutere con un gerarca fascista in mezzo alla strada, perché questo aveva preso a calci un cane. Apriti cielo!

«Ma cosa fa?» gli disse senza pensarci due volte. «Io la denuncio all'Ente Protezione Animali. Lei non ha il diritto di malmenare quel povero cane.»

Il gerarca lo fulminò.

«Lei non sa con chi sta parlando» tuonò, scrutando papà dal basso verso l'alto. Io sì che lo sapevo che razza di persona fosse, lo capivo dalla divisa. Nera. Pericolosa come la peste per noi ebrei. Ma papà, figurarsi, stava tornando alla carica con i diritti degli animali. Mi aspettavo che da un momento all'altro il gerarca ci chiedesse i documenti. Saremmo finiti in questura. Avevo paura. Ma che potevo fare? A pensarci c'era qualcosa che potevo fare… fingere di sentirmi male! «Papà, mi sento svenire, andiamo via, sto male.» Lui subito si preoccupò moltissimo, e mi portò via. Da allora imparai che la tecnica del "sto male, papà" funzionava se volevo distoglierlo da situazioni rischiose. Era l'unico modo per farlo smettere!

Però, a parte la paura, ammiravo il suo coraggio. Se credeva in qualcosa non se lo teneva per sé. Era disposto a rischiare. Non era certo una divisa nera a fermarlo.

Spesso le persone sensibili sono più fragili delle altre. Sarà per questo che mi veniva da proteggerlo a mia volta, anche se ero piccola. A volte questa sua fragilità era proprio evidente, almeno per me che lo amavo tanto. In certi momenti pensavo a lui come a una gazzella inseguita da un leone. Avevo sempre il timore che, proprio perché così sensibile e altruista, il leone lo avrebbe potuto mangiare in un boccone. Allora sentivo che toccava a me proteggerlo come lui proteggeva me. Anche se ero poco più di una bambina sentivo che dovevo restargli sempre vicino. E fino all'ultimo è stato così.

Di me tutti dicevano che avevo ereditato il carattere della mamma: i nonni mi raccontavano che era sempre allegra, volitiva, con tanti interessi e molto comunicativa.

Anche io ero comunicativa! Soprattutto quando si trattava di far capire a una giovane fanciulla che, se si azzardava a fare la corte a papà, se la sarebbe vista con me perché non avrei avuto affatto piacere di averla come matrigna. Ne ho combinate tante, in effetti, e papà si arrabbiava perché gli facevo fare delle figuracce… Che vipera!

Succedeva più spesso quando andavamo in villeggiatura. Ogni estate papà mi portava in vacanza in montagna. Lui amava molto la natura e le lunghe camminate. Io veramente molto meno, cioè, mi piaceva la montagna – i prati ondulati e pieni di fiori, i panorami bellissimi che si vedevano dalle finestre dell'albergo – ma camminare… mi piaceva molto meno!

A cena in albergo eravamo a tavola io e lui da soli. Gli altri clienti ci guardavano incuriositi. A quei tempi era difficile vedere un papà cenare da solo con la figlia. Le signorine in età da marito presto o tardi lo notavano e alla fine con una scusa si avvicinavano. "Ecco che arrivano a corteggiare mio padre..." pensavo arrabbiata. Il mio sorriso svaniva improvvisamente e mi preparavo a dare battaglia. Mi irritava poi che, per arrivare a lui, cominciavano ad attaccare bottone con me. «Che bella bambina! Come ti chiami? Quanti anni hai?»

"Mi chiamo Liliana e ho dieci anni": se avessi risposto così educatamente mio padre sarebbe stato contento.

Invece io mi giravo dall'altra parte, offesa da quelle domande che sapevo non essere disinteressate.

Oppure, quando ero di cattivo umore, addirittura rispondevo con scortesia, senza nascondere il mio disappunto: «Perché devo dirle come mi chiamo e quanti anni ho? Io non la conosco». Per come era fatto mio padre, sempre gentile e attento al prossimo, questo era imperdonabile. Ma io continuavo senza pentimenti.

Un giorno, un'amica di famiglia mi rimproverò: «Ma perché ti comporti così, Liliana? In fondo dovresti essere contenta se tuo papà trovasse una donna che gli voglia bene. Non vorresti che si risposasse?».

Ma io risposi subito: «No, papà sta con me, lui non deve sposare nessuno!».

Ero davvero una vipera.

Le persone che amavo

Nonno Alfredo era un furbetto. Faceva l'avvocato e infatti aveva una tale parlantina che poteva andare avanti per ore! Ti incantava con le sue chiacchiere, i sorrisi e i modi gentili. Un uomo sempre brillante, simpaticissimo, che però faceva il galante con tutte le donne, e nonna Bianca era gelosa. Con me era molto affettuoso, mi raccontava sempre un sacco di storie, e spesso quello che faceva la mamma quando era una bambina.

Nonna Bianca e nonno Alfredo non erano ricchi, ma la nonna aveva un'eleganza sua, interiore: anche se indossava cose da poco, sembrava sempre una regina. Una volta, avevo il desiderio di farle un regalo importante per il suo compleanno, ma non sapevo come fare. Poi mi ricordai che qualche giorno prima nonno Pippo mi aveva regalato una banconota da cento lire. Era un foglio grandissimo, cento lire a quei tempi erano tanti soldi!

Nonno mi aveva detto: «Mettili da parte per quando sarai grande». A un certo punto a me venne l'idea di regalarli a nonna Bianca. Però, sapevo che se glieli avessi dati non li avrebbe mai accettati. Così li arrotolai con cura e li feci diventare piccoli piccoli piccoli. Misi il pacchettino nella borsa della nonna, in un taschino. Lei non seppe mai che ero stata io, non immaginava neppure che avessi cento lire tutte per me. Come avrei voluto vedere la faccia della nonna quando si ritrovò in borsa quella banconota arrotolata e piccola come un'unghia! Chissà cosa avrà pensato. Non gliel'ho mai chiesto.

«Nonno, hai visto che c'è il sole? Mi porti sulla carrozza oggi?» Nonno Pippo si faceva la barba, si aggiustava la cravatta e, elegantissimo, scendeva con me e affittavamo una carrozza. Era domenica mattina. Io e lui giravamo Milano in lungo e in largo, ci piaceva scoprire vicoli e vecchie strade, le donne che lavavano i panni nelle fontane, le piazze piene di gente, i signori che leggevano il giornale sulle panchine dei parchi, i bambini che si rincorrevano ai giardini e nei cortili. La domenica mattina Milano si animava e diventava bella quando c'era il sole. Nonno amava tanto la vecchia Milano e con me si divertiva perché gli facevo un sacco di domande: e lui raccontava, raccontava. Era bello stare ad ascoltarlo, perché lui ci metteva sempre qualcosa di divertente nei ricordi. Con i suoi racconti io riuscivo a immaginare le cose e le persone come se le avessi avute davanti. Mi raccontava spesso anche le storie di quando era un bambino come me, solo che lui era poverissimo.

«Sai, Liliana, non c'era sempre da mangiare a casa nostra. Spesso non facevamo tre pasti, andava bene se riuscivamo a farne due. Eravamo in tanti...»

E poi mi raccontava di suo padre: «Era severissimo con noi, ricordo che ci dava delle punizioni molto dure. Io lo capisco, anche se ho scelto di non essere così duro con tuo papà e lo zio Amedeo, ma sono lo stesso due bravissimi ragazzi, grandi lavoratori».

A nonno Pippo piaceva in particolare descrivermi la città come era una volta. Lui era nato a Milano, a differenza di nonna Olga che era di Torino. Amava moltissimo la sua città e la conosceva bene, fin dal 1873, l'anno della sua nascita! Nonno mi parlava di una città che non c'era più, ma che mi sarebbe piaciuto conoscere. Per esempio, ai suoi tempi non c'era l'elettricità e per illuminare le strade, alla sera, dall'oscurità compariva un omino con una lunga pertica dove in alto brillava una fiammella. L'omino andava per le vie ad accendere uno a uno i lampioni.

Io cercavo di immaginarmi la città in inverno, con le persone che quando arrivava la sera avevano paura del buio fitto e camminavano lentamente e rasente al muro per non finire nel naviglio... Oppure si scontravano l'uno con l'altro perché, con la nebbia e il buio insieme, non si vedeva a un palmo di naso. E tutti ad aspettare l'omino con la pertica. Poi... improvvisamente la luce! Illuminata con le fiammelle dell'omino la città doveva essere bellissima.

Io e nonno eravamo contenti di stare insieme, lui era buono e generoso, ma soprattutto non era mai severo con me. Anzi, eravamo complici. A tutti e due piaceva il cinema, e certe domeniche se il tempo era brutto e piovoso, andavamo a vedere i film nelle sale in centro. Dopo il film mi portava a fare merenda. Anche quando l'ora della merenda era passata e nonna Olga e papà si sarebbero arrabbiati tantissimo se lo avessero saputo, lui mi accontentava sempre, e io certo non raccontavo a nessuno delle nostre merende fuori orario. Mantenevo il segreto!

Negli altri giorni, dopo la scuola, avevo sempre qualcosa di interessante da fare. In effetti mi divertivo sempre, qualunque cosa facessi, e la sera arrivava presto. Se era bel tempo scendevo a giocare in cortile con le mie amiche. In particolare, c'erano Elda e Delia che avevano più o meno la mia età e abitavano al primo piano. Passavamo tanto tempo insieme. Se non si poteva stare in cortile, ci vedevamo a casa per giocare.

Con Caterina, la mia balia, andavo spesso a trovare papà, il nonno e lo zio Amedeo. Avevano una piccola ditta di tessuti in centro. Era della famiglia Segre da tanti anni, proprio il nonno Pippo l'aveva fondata con tanti sacrifici. Si trovava vicino al Castello Sforzesco. Era un vecchio magazzino con un ufficio cadente, ma io non me ne rendevo conto, amavo tantissimo quel luogo e ci sarei voluta andare ogni giorno…

A parte che mi piaceva andarci perché in un colpo solo vedevo nonno, papà e zio, e loro mi facevano sempre delle grandi feste, anche quando erano indaffarati. Ma io ci volevo andare soprattutto per via del vecchio magazzino, un posto fantastico dove c'erano pile alte alte di tessuti di ogni tipo! Erano bellissimi tutti quei colori uno sull'altro, sembrava un arcobaleno. Un arcobaleno morbido che arrivava fino al soffitto. E io lì sarei voluta arrivare, a toccare il soffitto. Mi arrampicavo in alto scalando i colori uno a uno.

«Scendi, Liliana! Se cadi ti fai male e poi ti sgrido io e il resto lo prendi da tuo padre e dal nonno!» mi diceva la balia Caterina. Ma io non la stavo a sentire. Continuavo ad arrampicarmi come una lucertola. Ero velocissima. E cocciuta. Era la mia passione arrampicarmi. Non ho mai avuto paura.

L'azienda di tessuti c'è ancora. Per me è stata fondamentale. È come un filo che ha legato tutta la mia famiglia attraversando due guerre, perché mio padre e lo zio Amedeo avevano combattuto la Prima Guerra Mondiale e, anche mentre erano al fronte, il nonno Pippo l'aveva tenuta aperta. In seguito, era scoppiata la Seconda Guerra Mondiale e, passato il disastro, nel 1946 mio zio riaprì l'azienda e molti anni dopo anche io cominciai a lavorarci.

Indimenticabile Susanna

Nelle fredde domeniche invernali, se stavo a casa, passavo molto tempo anche con nonno Pippo. Insieme sentivamo la radio, perché la televisione non c'era. Nonno mi faceva ascoltare, di nascosto, le commedie romantiche che piacevano tanto a tutti e due, anche se papà gli diceva che ero piccola per sentire le storie d'amore. Quando finivamo di ascoltare la radio, gli leggevo il giornale.

A un certo punto arrivava Susanna a chiamarci per la cena.

Susanna era la cameriera di mia nonna Olga. Aveva iniziato a lavorare da lei quando i nonni si erano sposati. La nonna aveva diciassette anni. Susanna sedici.

Una volta si usava, nelle famiglie agiate, che la sposina avesse la cameriera personale che la seguiva come un'ombra. Così Susanna era diventata parte della casa e della nostra famiglia. Lei e nonna Olga erano cresciute insieme, e se c'era una persona che conosceva davvero la nonna, non ero io, e forse neppure il marito, ma proprio Susanna.

Dopo tanti anni, tra lei e nonna Olga era nata una grande amicizia. Me le ricordo sempre insieme, Susanna, con lo chignon che raccoglieva i capelli grigi e folti, e la nonna a sussurrare e a confidarsi sottovoce. Susanna parlava piemontese, era di Mondovì; l'amavamo tutti, io per prima! Ed era una cuoca meravigliosa. Che piatti mi cucinava. A volte il pomeriggio entrava in camera mia e diceva: «Liliana, oggi ti faccio le meringhe che ti piacciono tanto, sei contenta?», poi andava a cucinare senza ascoltare la mia risposta, tanto lo sapeva che ero al settimo cielo.

Susanna è stata un'amica speciale per la nostra famiglia perché rimase fedele alla sua Olga e a tutti noi fino all'ultimo, sfidando anche le leggi razziali.

Nel 1938 in Italia furono introdotte delle leggi che in un colpo solo cancellarono i nostri diritti. Eravamo diventati improvvisamente cittadini di serie C. Una di quelle leggi assurde diceva che le persone ebree potevano avere al loro servizio solo personale di origine ebraica. Quindi Susanna, che era cattolica, non avrebbe potuto restare con noi. Ma lei non ne voleva sapere di andarsene: «Ma sono matti? Io resto qui. Voi siete la mia famiglia, signora Olga. Le pare che io vi possa abbandonare proprio adesso che avete più bisogno degli amici fedeli?».

Eravamo davvero la sua famiglia, lei non aveva praticamente più nessuno. E anche per noi era lo stesso. Imbrogliammo i fascisti e le loro stupide regole e la facemmo risultare in casa nostra come ospite, non più come cameriera. Lei in realtà continuò sempre il suo lavoro, ma per lo stato fascista divenne un'ospite. E anche dopo Susanna non ebbe mai dubbi, non si sarebbe mai separata dalla sua famiglia, dalla sua Olga.

Quando io tornai da Auschwitz, Susanna stava ancora a Inverigo, l'ultimo paese in provincia di Como, dove ci eravamo rifugiati negli anni della persecuzione. Era rimasta lì dopo che i nazisti avevano portato via i nonni. Era senza stipendio ma continuava a curare la casa aspettando il mio ritorno, del quale non dubitava. Conservò per me i gioielli e le foto della mia famiglia, nascondeva tutto per paura delle razzie dei fascisti.

«Se le avessero trovate sarebbero stati capaci di bruciarle, Liliana, ma le avevo nascoste troppo bene» mi disse molti anni dopo, contenta di aver imbrogliato quegli stupidi.

Senza di lei, oggi, non avrei gli album con le foto della mia famiglia. Era papà stesso che li preparava. Sono stati così importanti per me, al ritorno da Auschwitz. Erano l'unica memoria eterna che poteva raccontarmi la vita di prima, quando le mie giornate si riempivano di felicità perché le trascorrevo insieme a papà e ai nonni. Susanna sapeva che quelle foto avrebbero contribuito a curare le mie ferite, quelle dell'anima. Lei stessa mi raccontava di averle guardate ogni giorno in attesa che io tornassi perché solo i giorni belli le davano coraggio e le facevano sentire meno la solitudine e la lontananza.

Susanna mi raccontò dei nonni. Di come erano stati portati via dai nazisti, nonno Pippo così malato e nonna Olga sempre vicino a lui ad assisterlo senza mai un lamento. Susanna era con loro, li ha accompagnati al camion pieno di prigionieri ebrei destinati prima al campo di Fossoli, vicino a Modena, e poi ad Auschwitz. Era il maggio del 1944.

«Non li volevo lasciare, Liliana, non li volevo lasciare...» mi diceva tra le lacrime. «Mi hanno costretta ad andarmene, mi hanno staccata da loro.» Ho capito che fu solo un caso se non avevano portato via anche lei. Per la sua ostinazione a non lasciare sola la sua Olga, aveva rischiato di essere arrestata.

Alla fine della guerra io e zio Amedeo restituimmo a Susanna tutto quello che le spettava per i tanti anni di servizio, ma se non fossimo sopravvissuti lei si sarebbe ritrovata senza pensione. Ma Susanna non faceva calcoli, agiva con il cuore. Che era veramente grande!

Susanna e il suo coraggio hanno un posto d'onore fra i Giusti della Storia, anche se non è riuscita a salvare nessuna delle persone che amava.

Dopo la guerra siamo rimaste in contatto, ogni tanto andavo a trovarla a Mondovì. Era sempre felice di vedermi, mi voleva un gran bene. E anche io gliene volevo. Poi, un giorno, è morta. È stato commovente, nella chiesa, ascoltare il sacerdote che descriveva la vita di Susanna raccontando l'attaccamento alla sua famiglia, ovvero noi: «Questa donna» ha detto il prete «ha vissuto quarantasette anni in casa di una famiglia ebrea che ha avuto vicende tragiche e lei è sempre stata vicinissima a tutte queste persone. Non li ha mai dimenticati e ci teneva a mantenere vivo il loro ricordo. Sono stati la sua famiglia». Ed è vero. Indimenticabile Susanna.

La piccola peste di casa

Il giovedì arrivavano "le signore dei dolci" nella nostra casa. Erano le amiche di nonna Olga. Stavano ore a chiacchierare e a giocare a carte. E mangiavano tutti i dolci che avevano preparato nonna e Susanna. Un banchetto dal quale, però, io ero esclusa.

E questo non mi andava proprio giù. I dolcetti e le torte di nonna Olga e Susanna facevano invidia a quelli delle pasticcerie, tanto erano belli e buoni.

Mi avvicinavo silenziosamente alle loro creazioni, ma la nonna se ne accorgeva e mi riprendeva: «Liliana, non toccare i dolci, li abbiamo fatti per le signore che arrivano nel pomeriggio».

Queste signore di solito erano almeno sei, e finivano sempre tutto! Che nervi mi facevano venire! In particolare, c'era una torta al cioccolato cosparsa di zucchero a velo di cui ero ghiotta. Allora cominciai a ingegnarmi. La nonna e Susanna pensavano di farmela perché ero piccola. Presero a nasconderle. Si mettevano in cucina, di nascosto, a preparare i dolci per le signore e poi li nascondevano sopra l'armadio di Susanna. Io però me ne accorgevo sempre. Mi bastava prendere una sedia per arrivarci. Tiravo giù la torta, ne sfilavo un pezzo da sotto e poi la rimettevo a posto. Con i pasticcini facevo uguale. Ne rosicchiavo un pezzettino e poi li rimettevo sopra l'armadio. Che figura faceva la nonna con le amiche quando offriva tutta orgogliosa i dolci mangiucchiati! Io mi divertivo a spiare le loro reazioni... Qualche amica di mia nonna sospettò dei topi. Ma la nonna e Susanna sapevano chi fosse il topino. Allora presero a cambiare ogni volta il nascondiglio, ma io lo trovavo sempre. Bastava seguire il profumo meraviglioso! Finché, dopo l'ennesima figuraccia con le amiche, nonna Olga si arrabbiò sul serio: «Questa storia deve finire, Alberto!» disse a mio padre, quando rincasò dal lavoro. Lui mi rimproverò, ma in fondo lo sapeva che avevo anche un po' ragione. Così alla fine arrivammo a un compromesso con la nonna. Quando lei e Susanna preparavano le torte per le signore, avrebbero tenuto da parte dei dolcetti anche per me. Mi sembrò una decisione giusta e non addentai più le loro torte.

Quante ne ho combinate a nonna Olga... Le facevo un sacco di scherzi. Per un certo periodo mi ero fissata con le trappole. Appendevo uno spago alle pareti del corridoio, alto pochi centimetri da terra, per farla cadere. Meno male che non mi è mai riuscito perché nonna per fortuna vedeva lo spago, ma si dispiaceva, e io non mi rendevo conto di metterla in pericolo.

Raccontavo un bel po' di bugie anche a papà. Quando cominciai ad andare alla scuola privata, perché con le leggi razziali non potevo più frequentare la scuola pubblica, c'erano tanti corsi diversi al pomeriggio. Bastava che io dicessi: «Sai, papà, che c'è il corso di ceramica? Bello, vero?», e lui andava subito a iscrivermi. Poi un giorno si mise in testa che avrei fatto bene a frequentare il corso di pianoforte. Io non ero particolarmente entusiasta, ma lo accontentai. Dopo quattro-cinque lezioni, mi annoiavo così tanto con il solfeggio che andai in segreteria e dissi decisa: «Papà ha detto che non vuole più che faccia il corso di pianoforte, mi può cancellare, per favore?».

Ma a papà non lo dissi. Restavo in corridoio ad aspettare che passasse l'ora di lezione. Poi lui arrivava a prendermi. A un certo punto però mi stancai di quell'attesa inutile. E quando mi disse come al solito: «Ti vengo a prendere più tardi alla fine della lezione di pianoforte», presi la palla al balzo. Quella storia doveva finire.

«No, papà, non faccio più pianoforte.»

«Come non lo fai più?» mi chiese incredulo.

«Non mi piace. Sono andata a cancellarmi in segreteria.»

Lui si arrabbiò perché non gli avevo detto niente. Ma io ero così. A mio modo, una ribelle. Volevo fare di testa mia. E fu così anche con la storia dello sciroppo.

Una volta presi l'influenza e papà chiamò subito il medico. Era così ansioso! In effetti ero magra e questo lo preoccupava molto; il medico per tranquillizzarlo mi prescrisse un ricostituente per tutto l'inverno. Era uno sciroppo che aveva un sapore orrendo. Lo presi per tre volte, ma poi non avevo più nessuna intenzione di mandare giù quella schifezza, così dissi a papà: «Lo metto in bagno, così lo prendo tutti i giorni».

Invece lo buttavo nel lavandino, e ogni mattina ne svuotavo un po'. Alla fine dell'inverno, visto che comunque ero ingrassata di mezzo chilo, papà mi disse: «Hai visto, Liliana? Ti ha fatto bene la cura del dottore». E io candidamente risposi: «No, papà, non è stato quello, perché non ho mai preso lo sciroppo. È sempre finito nel lavandino».

La balia Caterina

Fino ai sei anni passavo la maggior parte del tempo con Caterina. La mia balia "asciutta", come si diceva allora. Nel senso che non mi aveva allattata. Caterina era nata nel 1905 a Mel, un piccolo paesino in provincia di Belluno. Era la cameriera di mia madre. Poi quando nacqui io, lei chiese a mamma se poteva diventare la mia balia perché le sarebbe piaciuto prendersi cura di una bambina. Mamma Lucia pochi mesi dopo la mia nascita si ammalò, e così accettò. Si fidava di Caterina e sapeva che mi avrebbe curata con amore. Mi affidò a lei. Da quel momento, finché non sono andata a scuola, Caterina è stata come una madre per me.

Non era tenera, per niente. Era severa. Ma giusta. Io ero una furbetta viziata e lei cercava di darmi delle regole e di farmi rispettare quelle che mi davano papà e i nonni. Non era un compito facile, povera Caterina! Ma io la temevo, perché sapevo che, al contrario degli altri, lei non mi avrebbe perdonata facilmente se avessi fatto di testa mia.

Con Caterina andavo al magazzino dei tessuti di nonno Pippo, e mi accompagnava ai giardini e dalle amichette. Tranne il sabato e la domenica, che trascorrevo il tempo con papà o con i nonni, io e lei eravamo sempre insieme.

Poi, un giorno, sparì. Non la vidi più.

«Papà, ma dov'è Caterina? Perché non c'è più?» gli chiesi dopo qualche giorno che non la vedevo.

«Liliana, Caterina ha incontrato un fidanzato ed è partita con lui perché vuole sposarsi e avere una famiglia sua» mi spiegò papà.

«Ma perché non mi ha detto niente?»

Era la seconda volta che venivo abbandonata. Dopo mia madre, anche Caterina improvvisamente era sparita dalla mia vita. Soffrivo per la sua assenza: come mai aveva scelto di sposarsi e di avere un'altra famiglia? Non stava bene con me?

Proprio non capivo la sua scelta. Ci divertivamo insieme, andavamo sempre a spasso e io ero più obbediente con lei che con i nonni... Per tanto tempo mi sembrò un tradimento. Un altro abbandono.

Rividi Caterina da grande, molti anni dopo. La andai a trovare in un paesino in provincia di Frosinone, nel Lazio. Quando arrivai, non ci potevo credere, ma lì tutti mi conoscevano. Le persone mi salutavano e mi abbracciavano come fossi una loro parente.

«Liliana, come sei bella... Quanto hai sofferto, povera

figlia… Liliana… Caterina non ti ha mai dimenticata…» mi dicevano con affetto sincero.

Era vero, Caterina non mi aveva dimenticata. Abitava in una piccola casa insieme al marito, che era minatore, e ai suoi quattro figli. A un certo punto mi presentò la sua figlia più grande: «Ecco, lei è Lucia». Disse solo questo, era pur sempre veneta.

L'aveva chiamata come la mia mamma! Mi fece vedere le fotografie che aveva conservato e custodito in un bellissimo album. C'eravamo io e lei, io piccolina e lei con il vestito da balia e i capelli raccolti nella cuffietta. E poi i nonni, naturalmente papà. E lo zio Amedeo. Tutti. Un album di famiglia in cui lei non mancava mai, una presenza costante, rassicurante, fino a che era stata con noi.

«Sai, Liliana, che io devo tanto al tuo papà?» mi disse a un certo punto seria seria. «Quando lavoravo da voi lui pagava puntualmente i contributi per la pensione, quando la maggior parte delle altre cameriere non li avevano. Le famiglie dove lavoravano nemmeno ci pensavano, invece tuo padre sì, fin dall'inizio. Quando andai via, mi disse: "Mi raccomando, Caterina, continui a versare i contributi perché si ritroverà la pensione per quando non potrà più lavorare". E aveva ragione. Era una persona speciale il tuo papà.»

Io da tanto tempo avevo una domanda da farle. E quel giorno trovai il coraggio: «Caterina, ma perché sei sparita da un giorno all'altro senza dire niente? Perché non mi hai detto che ti dovevi sposare?».

E lei: «Ma tu avresti pianto, Liliana. Chissà come avresti sofferto se ti avessi detto che dovevo andare via per sempre. Io non volevo farti stare male. Allora me ne sono andata e basta». Caterina era così. Pensava di agire per il mio bene. Severa ma giusta.

Tutte le volte che sono tornata a trovare Caterina mi sentivo la quinta figlia. Per lei lo ero. E adesso che lei non c'è più, il legame non si è spezzato: con Lucia, la figlia maggiore, ci sentiamo ogni tanto al telefono e ci raccontiamo come vanno le cose, i figli, i nipoti e gli affetti. Nessuno di noi dimentica quello che siamo stati gli uni per gli altri.

Il segreto delle lucciole

E poi finivano le scuole. Che felicità, mi aspettava il mare! La sabbia, il sole caldo e il dolce far niente! E papà tutto per me. Andavamo sempre a Celle Ligure, in Liguria, dove prendevamo in affitto una piccola casa sul mare. C'erano anche due fratelli della nonna Olga a cui papà era affezionato. Erano due allegri burloni, simpaticissimi!

Fino a che non si sposò, veniva anche Caterina. Ma non solo: la nostra casa era un viavai di persone, venivano anche i nonni, a turno. Ma quando smetteva di lavorare, finalmente arrivava papà e io diventavo la bambina più felice del mondo! La cosa che mi piaceva di più era uscire con il pattino, che noi chiamavamo il "moscone". Praticamente io glielo chiedevo tutti i giorni. E lui mi accontentava quasi sempre. Papà remava e qualche volta lo lasciava fare anche a me. Con le mie bracciate restavamo sempre nello stesso fazzoletto di mare, papà mi incitava per farmi mettere più forza, ma lo stesso non andavamo lontano!

In quei momenti, in mezzo al mare, quando guardavo papà e mi vedevo lì con lui, mi sembrava di avere tutto ciò che sognavo. Ero felice. Senza bisogno di dirsi molto. Bastava che lui sorridesse per dirmi, a modo suo, che era lì con me e non avrebbe voluto essere da nessuna altra parte.

Sì, a rivedere adesso quei momenti della mia vita, so cos'era la felicità. In mezzo al mare, il tempo bello e il sole che sulle onde faceva uno scintillio. Quello scintillio così intenso non l'ho più ritrovato sul mare.

Quando eravamo lontani da riva, papà si tuffava in mare e si metteva a nuotare. Mi chiedeva di raggiungerlo e io lo facevo, ma solo per farlo contento. Aiutata da lui, facevo un paio di bracciate a rana, ma mi lamentavo continuamente e poi: «Basta, papà, io torno al pattino, mi sono stancata». In realtà avevo paura, ma non avevo il coraggio di dirglielo perché lui non si stancava mai e non aveva paura di niente. Non volevo fargli vedere che ero così imbranata.

La sera, dopo cena, andavamo a trovare gli zii che avevano la casa in paese. Io e papà percorrevamo un viottolo sterrato, avevamo la pila perché era buio pesto e la strada non era illuminata.

L'oscurità mi faceva un po' paura ma c'era papà con me, sapevo che non mi sarebbe potuto accadere niente di brutto con lui. A un certo punto papà si fermava, spegneva la pila e mi indicava le costellazioni, mi spiegava il cielo e le stelle. Era come stare al cinema, il buio in sala e lo schermo immenso che era il cielo. Quei puntini meravigliosi che brillavano erano sempre lì, estate dopo estate imparavo i loro nomi. Cassiopea, Orsa Maggiore, Orione... Con lui scoprivo i segreti del cielo. Poi vedevamo le lucciole brillare intorno: «Guardale di sera» mi diceva «perché di giorno sono delle brutte farfalline, invece la notte sono straordinarie». Erano bellissime, era vero, ce n'erano tantissime, mi sembrava che il buio avesse mille colori diversi, e ogni sera le lucciole eseguivano una danza solo per me e papà.

Quando arrivavamo a casa degli zii era sempre la stessa storia, giocavano a carte, erano tutti uomini che fumavano e bevevano la grappa. La loro casa era come una piccola bisca, un fumo terrificante si alzava dai divani e restava sospeso nell'aria. Facevamo un saluto a tutti e li guardavamo giocare ridendo dei loro scherzi e delle parole forti che volavano al tavolo da gioco. Dopo un po' ce ne tornavamo a casa, sempre a piedi. Ma le lucciole non c'erano più.

La scuderia Balilla della famiglia Segre

Zio Amedeo era l'unico fratello di papà. Io lo amavo molto quando ero piccola perché mi faceva sempre un sacco di regali. Poi era simpatico e sempre allegro! Lo zio restò scapolo fino al 1937, anche se era fidanzato da tanti anni. Lui, anche prima di sposarsi, non viveva in casa con noi, ma in realtà restava spesso a pranzo e lo vedevo quasi tutti i giorni.

Lavorava con papà e nonno nell'azienda di famiglia e viaggiava tanto per lavoro. Lui era diverso dal mio papà, avevano due caratteri opposti, ma andavano d'accordo. Nonno Pippo mi raccontava sempre che, da ragazzo, lo zio non aveva tanta voglia di studiare. Per questo motivo, lui e la nonna avevano deciso di mandarlo in un collegio in Svizzera dove si doveva rigare dritto e studiare tanto. Non c'era scampo per zio Amedeo in quella specie di prigione: papà e i nonni lo andavano a trovare nei fine settimana e lui si lamentava tutto il tempo per via dei metodi severi e delle punizioni che riceveva a ogni errore. Era ogni volta più triste e chiedeva di poter tornare a casa. Prometteva che avrebbe studiato e che sarebbe cambiato. I nonni tutte le volte che se ne andavano avevano i sensi di colpa per averlo messo lì dentro. Pensavano e ripensavano se fosse il caso di riportarlo a Milano. Però poi ce lo hanno lasciato! Nonno Pippo mi disse che era stato meglio così. «Tuo zio è buono e caro, ma aveva bisogno di regole certe. Il collegio gli ha fatto bene.»

Nonno diceva che lo zio era tutto il contrario di papà, da bambino. Lui era sempre stato serio e studioso, infatti si era laureato prestissimo alla facoltà di Scienze commerciali all'Università Bocconi. I nonni ne erano fieri.

Zio Amedeo si era iscritto al Partito Fascista. Negli anni Trenta erano tanti gli italiani, anche ebrei, che credevano in Mussolini e nei fascisti. Così lui subiva il fascino delle grandi adunate pubbliche dove i militanti e i gerarchi fascisti gridavano forte che loro avrebbero reso l'Italia una nazione potente e temuta da tutti. Questo li faceva sognare. Non era solo quello che dicevano, ma come lo dicevano. Ogni cosa veniva gridata, con violenza; a zio Amedeo piacevano lo spirito patriottico e i futuri trionfi italiani che i fascisti annunciavano. Per questo aveva cominciato a credergli: era bello sognare che l'Italia sarebbe diventata una grande potenza, come la Germania, e tutto il mondo l'avrebbe rispettata.

Papà invece non li sopportava.

Diceva allo zio che non gli piacevano i fascisti perché

usavano toni aggressivi e non accettavano critiche. E questo creava un clima di violenza tra le persone. Lui detestava la violenza. Era convinto che la usassero solo le persone che non sapevano ragionare, le più stupide, che non erano capaci di confrontare le proprie idee con quelle degli altri.

Erano proprio tanto diversi loro due, il papà e lo zio, però si volevano un gran bene.

E poi, avevano una cosa in comune i due fratelli: la passione per le corse al trotto. A un certo punto comprarono un cavallo, poi il secondo, il terzo... e alla fine si ritrovarono una scuderia. Come chiamarla? Mio zio insistette a volerla chiamare come la gioventù fascista, i Balilla. Papà non era d'accordo, ma non gli andava di scontentare zio Amedeo che ci teneva tanto, e accettò. Così, i fratelli ebrei Segre negli anni Trenta avevano una scuderia che si chiamava come la gioventù fascista: Balilla.

C'era anche la divisa, con il berretto verde e la giubba dello stesso colore a pois bianchi. Mi piaceva tanto.

Io ero entusiasta delle gare e dei cavalli che erano così alti, eleganti, bellissimi. Spesso la domenica andavo con papà e zio Amedeo all'ippodromo di San Siro, e a volte portavamo anche qualche mia compagna di scuola. Ero una tifosa accanita, urlavo i nomi dei nostri cavalli per tutta la corsa, bisognava incitarli, fargli sentire che volevamo vincere!

Ma la cosa più bella era che dopo le gare papà mi portava a vedere i cavalli nelle scuderie, soprattutto quando c'erano dei puledri appena nati. Erano magnifici, mi facevano così tanta tenerezza... Ogni volta che ne nasceva uno, papà mi diceva: «Dai, Liliana, pensa a un nome per il nuovo cavallino». E io gli davo i nomi del "Corriere dei Piccoli", il mio giornalino preferito, che papà mi portava a casa ogni settimana: Capitan Cocoricò, Pampurio, il Signor Bonaventura e tanti altri. Qualcuno di questi puledri è diventato bravo, anzi dalla scuderia sono usciti anche dei veri campioni, vincevano premi e io ero orgogliosa in gara di sentire, per esempio, che il mio Signor Bonaventura era arrivato primo!

Mio padre, nel 1934, divenne anche *gentleman driver*, così si chiamano i guidatori di cavalli al trotto non professionisti.

Papà aveva la stoffa dello sportivo e diventò subito bravo, vinse un bel po' di gare. Anche importanti. E i giornali addirittura parlavano di lui.

Io andavo in tribuna, lo guardavo correre con il cannocchiale perché volevo vedere tutto. A un certo punto a San Siro c'era una curva ad anello e, dalla tribuna, in quel punto i cavalli non si riuscivano a vedere bene. Invece quella curva era molto importante nelle gare, papà me lo aveva spiegato: «Liliana, concentrati su quella curva perché è lì che gli avversari cercheranno di approfittare per stringerci e superarci; se si passa quell'ostacolo, una volta che siamo al primo posto, è difficile che ci riprendano».

Qualche volta ho anche guidato un cavallo al trotto, non da sola, ero troppo piccola, mi teneva un guidatore che era diventato nostro amico. Mio papà aveva paura di portarmi, così mi affidava a lui. Che emozione fantastica era tenere le redini e il cronometro mentre facevamo il giro della pista, io avvinghiata al piccolo guidatore in una posizione scomodissima! Mi sentivo grande.

Ricordo che avevamo una giumenta che si chiamava Antoniana. Era bellissima, fiera ed elegante. Antoniana ha vinto tante gare a San Siro. Era diventata famosa in quegli anni. Ma succedeva una cosa incredibile con questo animale così grande, dalla corsa così potente. Antoniana entrava nel box solo se aveva accanto la sua capretta. Una minuscola capretta con la barba, tenera tenera, alta un terzo di Antoniana. Com'erano buffe quando erano vicine e si guardavano! Anche quando correva bisognava tenerle la capretta sul bordo della pista in modo che la vedesse. Guai se non la trovava, la cercava, rallentava, si distraeva e così avrebbe perso la gara... era incredibile! Io ero convinta che Antoniana fosse innamorata di quel piccolo animale baffuto, ma papà mi spiegò che era l'odore. Era l'odore della capretta a imprigionare Antoniana! Comunque io continuai a pensare che fosse innamorata di quel piccolo animale, nonostante la barbetta. Era amore, non ci sono dubbi.

Quando vennero le leggi razziali noi non potevamo più tenere i cavalli e la scuderia. Agli ebrei era negato. La scuderia Balilla fu rilevata da un caro amico di mio papà che gli diede un altro nome, divenne scuderia Civelli. Cambiarono anche i colori della divisa. Da allora non andai più a guardare le corse. Era già tutto cambiato.

Album di Famiglia

1931-1936

Liliana in spiaggia a Celle Ligure

– 1933 –

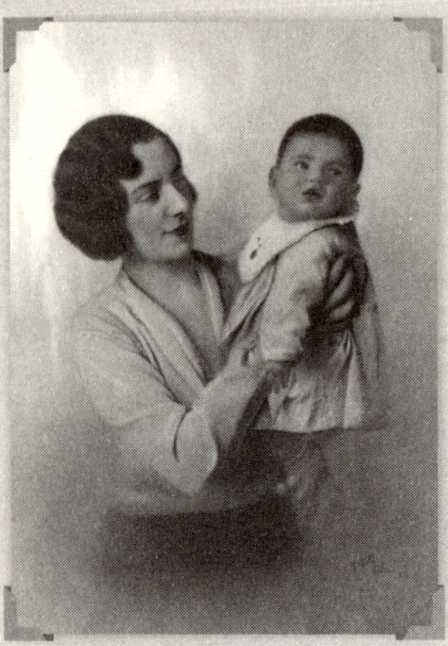

Liliana a un anno insieme alla sua mamma

Con la magica nonna Bianca – Luglio 1932 –

In braccio alla balia Caterina

Milano, Parco Sempione
– 1936 –

Il papà e lo zio Amedeo con la divisa da ufficiali della Prima Guerra Mondiale

Seconda Parte

Cambia tutto

Non puoi più andare a scuola

Era una sera qualsiasi. Stavamo a tavola. Io, papà e i nonni. Io ridevo e scherzavo come al solito. Però mi accorsi che c'erano tre paia d'occhi che mi guardavano ansiosi. "Mi dovranno dire qualcosa di importante" pensai.

In quel momento mio padre parlò: «Liliana, sai che non puoi più andare a scuola...».

«Ah, no?» gli dissi io cercando un perché con gli occhi smarriti. Lui lo capì.

«Perché ci sono delle nuove leggi per noi che siamo ebrei. Tu, come tutti i bambini ebrei, sei stata espulsa dalla scuola.»

Espulsa. Avevo appena compiuto otto anni, era settembre e la scuola cominciava il 12 ottobre.

Quel giorno segnò un prima e un dopo nella mia infanzia. Il prima della vita di Liliana bambina, allegra e serena, e il dopo, di Liliana bambina ebrea, espulsa, poi esclusa, poi internata.

Quell'anno avrei dovuto frequentare la terza elementare...

«Perché sono stata espulsa, papà? Che cosa ho fatto?» Non capivo.

«Tu non hai fatto niente, Liliana» mi disse papà con dolcezza. «Ma questa legge dice che non puoi andare a scuola, non possiamo farci niente.»

Sentivo che papà cercava un modo per spiegarmelo che non mi facesse restare male, ma io andavo volentieri a scuola, e lui sapeva che avrei sofferto di questo allontanamento. C'erano le compagne di classe che vedevo anche fuori dalla scuola, ai giardini, oppure alle feste di compleanno; mi dispiaceva anche lasciare la maestra, si chiamava Cesarina, ero molto affezionata a lei. Era affettuosa e sentivo di poter contare su di lei. Almeno così pensavo.

Perché non potevo più andare a scuola? Perché io, solo io, non potevo più imparare? Mi misi a cercare un motivo, qualcosa che avevo fatto o detto in classe, scavai nei giorni precedenti, cercavo qualche fatto che mi facesse dire: "Ah, ecco perché sono stata cacciata". Ma era inutile, non c'era.

Papà parlava di "nuove leggi". Ma chi le aveva fatte? Perché? Io non sapevo neppure di essere ebrea fino a quando non erano venute fuori queste stupide regole. Io sono italiana, lo diceva anche il nonno, ed era davvero arrabbiato.

«Siamo italiani, siamo come tutti gli altri e guarda cosa ci fanno...» sussurrava alla nonna, mentre Susanna sparecchiava e scuoteva la testa come a cancellare quella brutta serata. Ma era impossibile. La realtà era come l'aveva raccontata papà. Io non potevo più andare a scuola.

Un giorno, dopo che ero stata espulsa, la maestra Cesarina venne a casa a parlare con papà, glielo aveva chiesto lui. Io mi nascosi per ascoltare di nascosto. Ero sicura che la maestra avrebbe detto a papà che c'era stato un errore, che il giorno dopo sarei potuta tornare al mio banco, che quelle regole erano orribili e assurde, forse gli avrebbe anche detto che le mancavo e che mancavo a tutta la classe. Chissà quante amiche speravano di vedermi tornare in classe con loro, come prima delle leggi razziali...

Invece, sentii l'appello accorato di papà che diceva che era un'ingiustizia tenermi lontana dalla scuola e che io ci soffrivo.

E poi ascoltai la maestra Cesarina che gli rispondeva: «Sì, ma scusi io cosa c'entro? Non compete a me decidere se Liliana può tornare oppure no. Non le ho mica fatte io le leggi».

Ascoltavo. Quelle parole continuavano a ronzarmi nella testa come un'ape fastidiosa. *Non le ho fatte io*. Be', sì, certo, in effetti non le aveva fatte lei. Come darle torto? Però, che delusione provai in quel momento. Nella sua voce non c'era partecipazione, ne ero certa, non c'era un filo di dispiacere. Non disse nemmeno che le mancavo, non riferì niente sulle mie compagne, nessun saluto, nessun ricordo.

Ero scivolata via in silenzio e il mio banco vuoto non era una gran perdita: in fondo era questo che avevo appena sentito. Lei non c'entrava, non era un problema suo. Così la mia maestra si puliva la coscienza. Se ne lavava le mani. Come se la mia espulsione da scuola non la riguardasse affatto. Me ne andai prima di vederla uscire di casa. Lei non chiese di salutarmi.

In tutta questa storia delle leggi razziali e dei diritti che giorno dopo giorno ci toglievano come fossimo persone pericolose e da tenere lontane dagli altri cittadini, cominciai a realizzare una cosa, e fu quello a sembrarmi veramente assurdo. Quello che accadeva a noi ebrei, avveniva nell'indifferenza generale. Per tutti era come se niente fosse. L'indifferenza fa male. È l'arma peggiore. La più potente. Perché se qualcuno ti affronta e ti vuole fare del male, puoi difenderti. Ma se intorno a te c'è il silenzio, come fai a difenderti?

Mi sentivo come in quel gioco che fanno i bambini più grandi con i più piccoli. Quando fanno finta di non vederli. Come se non esistessero. Il piccolo si agita e urla e strepita per farsi sentire, per essere considerato, ma il grande fa finta di niente, come se fosse invisibile. Anche se è solo un gioco, il piccolo si sente smarrito. Non sa che fare. Dubita persino di esistere.

Ecco, io mi sentivo così. Era come se all'improvviso io potessi vedere gli altri ma gli altri non vedessero me. È stato come se da un momento all'altro il mondo non mi avesse più guardata, come se non si fosse voltato a vedere quello che accadeva a noi bambini ebrei.

Il mondo erano le mie amiche che non mi cercavano più, non mi invitavano più, non mi parlavano più. Era nei discorsi dei nonni e papà quando, pensando di non essere ascoltati da me, raccontavano: «Il vicino non mi saluta più... Quell'altro ha fatto una telefonata anonima ma io l'ho riconosciuto... ha detto: "Ucciditi, vattene, sporco ebreo"». Anche i tanti amici che avevamo per via della scuderia sparirono tutti e nessuno si ricordò più di noi. E io pensavo: "Ma perché fanno questo alla mia famiglia? Credevamo di avere tanti amici e adesso tutti fanno finta di non conoscerci". Non capivo.

Con il passare del tempo, le cose peggiorarono. I silenzi a tavola parlavano. Mi dicevano che stava succedendo qualcosa di terribile e che la mia famiglia soffriva. I nonni e papà parlavano pochissimo e raccontavano ancora meno per non farmi preoccupare, ma quel silenzio era nuovo in casa nostra e io lo percepivo che dentro c'era la paura. Allora tacevo anche io, avevo perso la voglia di raccontare, di chiedere, di capire. Sentivo che nessuno voleva parlare di quello che stava succedendo. Vedevo la nonna parlare con Susanna e le ascoltavo piangere insieme, ma quando si accorgevano di me smettevano di piangere e mi sorridevano, cercando di farmi sorridere. Allora, cominciai ad avere paura anche io, sentivo come un senso di oppressione.

Come quando d'estate deve arrivare il temporale, quando ancora non piove ma si vede quella luce giallastra che è un presagio del cattivo tempo... Tu lo senti che sta per cambiare tutto, ma non sai bene quando e come si sfogherà il temporale. Ecco, io vivevo con quel peso sul cuore che ogni giorno diventava più grande. Vivevo nella paura che scoppiasse il temporale.

Una nuova scuola e una nuova maestra

Quando passavo con papà vicino alla scuola di via Fratelli Ruffini che avevo frequentato per tanto tempo, vedevo le amiche che andavano ancora lì. Non era cambiato niente per loro. Si salutavano qualche minuto prima di entrare, aspettavano di sentire la campanella, ridevano e scherzavano come sempre. Che strano, solo per me era cambiato tutto.

Se mi vedevano, mi indicavano con il dito e dicevano: «Quella lì è la Segre, non può più venire a scuola perché è ebrea». E basta. Liliana non esisteva più. Fino a un mese prima facevamo i compiti insieme, ridevamo delle cose buffe e ci divertivamo. A parte tre bambine che rimasero mie amiche, Giuliana, Maura e Tilde, tutte le altre mi cancellarono. Le loro famiglie non chiamarono mai a casa, anche solo per dire: "Ci dispiace che Liliana non sia più a scuola con le nostre bambine". Almeno questo era quello che speravo accadesse. I primi tempi che non andavo a scuola, ogni volta che squillava il telefono mi aspettavo che fosse un'amichetta che voleva salutarmi. Ma poi mi resi conto che era inutile restare con questa attesa. Era come se io non fossi mai esistita.

Quando mi indicavano davanti alla scuola, mi stringevo al braccio di papà e tiravo dritta. Non abbassavo la testa però, non avevo niente di cui vergognarmi, papà continuava a ripetermelo. Solo che non volevo sentire le loro voci, perché mi ricordavano quanto tutto fosse ormai diverso. E poi sapevo che papà avrebbe sofferto per me. Speravo che lui non avesse sentito, che non avesse visto quel dito che mi indicava come un'appestata.

Per fortuna, avevo il mio bel carattere. Quando papà decise di iscrivermi a una scuola privata, mi trovai subito bene e feci amicizia con tutti. In quel periodo mi sembrò di ricominciare, la speranza che le cose per noi sarebbero tornate come prima mi cullava nelle lunghe sere a casa. A scuola non parlavo mai di quello che accadeva in famiglia, dei silenzi, del vuoto che si faceva sempre più grande intorno a noi. La scuola per me era un'isola felice.

Mi piaceva tantissimo la nuova maestra, Vittoria Bonomi. Lei aveva capito cosa significasse per una bambina essere espulsa. Sapeva anche che io non avevo la mamma ed era sempre affettuosa e paziente. Vittoria era una persona dolcissima, mi aiutò molto, per diversi anni. Veniva spesso a casa per farmi fare i compiti e aiutarmi con il programma perché ero rimasta indietro per via del tempo che avevo perso.

Avevo anche notato che alla maestra il mio papà non era indifferente perché quando lo vedeva diventava tutta rossa. Vittoria era una ragazza semplice, pulita. E fu l'unica persona di cui pensai: "Ecco, lei potrebbe andare bene per papà". L'unica che avrei voluto come mamma.

Una volta, quando ero già grande e lei sposata, glielo raccontai. Vittoria diventò ancora rossa! Era una persona buona, sincera. Anche con Vittoria il legame non si è mai interrotto. I suoi figli mi vogliono bene ancora oggi perché sanno che ero cara alla loro mamma: tutti gli anni, per il Giorno della Memoria, il 27 gennaio, mi inviano un mazzo di fiori, non l'hanno mai dimenticato una volta. La loro mamma è morta da tanti anni, ma io la ricordo sempre con tanta gratitudine perché in quegli anni non era prudente diventare amica di persone ebree. Occorreva coraggio.

La nonna offriva la torta ai fascisti

E poi la polizia fascista cominciò a venire in casa. Entravano da padroni e ci trattavano come i nemici della patria. Controllavano i documenti, sigillavano la radio, portavano sempre via qualcosa, frugavano dappertutto, e ogni volta era uno shock perché ci facevano sentire come se quello che avevamo in casa non fosse più nostro. Come se loro fossero i padroni delle nostre vite. Lo facevano di proposito, per farci capire che eravamo inferiori, in fondo era questo che dicevano le leggi razziali.

Però restavano spiazzati dall'accoglienza della nonna. Quelli suonavano e bussavano con violenza e lei gli apriva con la sua grazia piemontese e li faceva accomodare come fossero stati ospiti graditi.

«Venite pure» gli diceva. «Ho fatto la torta, ne prendete un pezzetto?» I fascisti la scansavano malamente, neppure le rispondevano, ma lei sembrava imperturbabile. Sempre gentile e sorridente. Poi gli mostrava la fotografia dei suoi due figli con la divisa della Prima Guerra Mondiale, raccontava le storie di famiglia, ma i fascisti nemmeno l'ascoltavano. Papà e lo zio Amedeo avevano combattuto per la patria italiana, erano ufficiali tutti e due.

Io ero quasi sempre insieme a lei quando i poliziotti arrivavano, ma non si curavano di me. Spesso volevano parlare da soli con la nonna Olga. Non ho mai saputo di cosa, e lei mi diceva: «Liliana, vai a giocare in camera tua perché devo parlare con questi signori».

Io ero molto incerta se andare via solo per finta e restare a origliare perché ero curiosa di sapere cosa potessero volere dalla nonna quei brutti ceffi. Nello stesso tempo avevo paura di quello che avrei potuto sentire, mi terrorizzavano con quelle divise nere, le armi, le facce brutte e la prepotenza che ostentavano.

"Nonna Olga però è brava" pensavo. "Non si fa intimidire, non dimostra mai di avere paura di loro, io non avrei tanto coraggio."

Dopo qualche indecisione, alla fine vinceva la paura che mi scoprissero a origliare, ma anche di quello che potevo sentire, allora me ne andavo in camera mia, ma non giocavo più, ero troppo spaventata. E triste. Era strano avere sempre le divise della polizia dentro casa. Insomma, era una cosa che succedeva solo a noi perché eravamo ebrei, lo sapevo.

Dai discorsi che facevano papà e il nonno avevo capito che i poliziotti fascisti andavano anche all'azienda di tessuti, volevano controllare i bilanci e tutto quello che entrava in negozio.

Quando chiedevo il perché la polizia ci perseguitasse, papà o i nonni e lo zio Amedeo mi rispondevano che i poliziotti avevano l'ordine di controllare gli ebrei, i documenti, il lavoro che facevano e le cose che avevano dentro casa.

«Ma perché?» chiedevo io. «Perché noi sì e gli altri no?»

«Perché non si fidano di noi ebrei» mi veniva risposto. «Ci trattano da nemici.»

Dopo la guerra feci delle indagini sul mio cognome, Segre. Scoprii che era il nome di un fiume della Spagna. I nostri avi dovevano essere venuti in Italia cinquecento anni prima, quando ci fu la cacciata degli ebrei da parte della regina cattolica, Isabella. La mia famiglia si sentiva italiana al cento per cento, mia nonna Olga aveva perso un fratello nella Prima Guerra Mondiale. Inoltre, non eravamo religiosi, non osservavamo le festività ebraiche e quindi non partecipavamo alla vita della comunità. Fino al giorno in cui mio padre mi disse che non sarei più potuta andare a scuola, non sapevo nemmeno di essere ebrea.

Cominciavano ad arrivare a casa nostra gli amici che espatriavano. Fuggivano dall'Italia e dall'Europa perché avevano intuito che la situazione sarebbe diventata molto brutta per noi ebrei. Alcuni venivano per salutarci, altri per chiederci dei prestiti – i miei sono sempre stati generosi e non rifiutavano mai di aiutare un amico in difficoltà –, altri insistevano con nonno Pippo, che si era ammalato, gli era venuto il morbo di Parkinson, e con mio padre, affinché fuggissero con loro.

In particolare, ricordo il cugino di mio nonno che si chiamava Giuseppe anche lui. Giuseppe Calabi. Per distinguerli, in famiglia, nonno lo avevano sempre chiamato Pippo e il cugino Peppino. Erano molto affezionati l'uno all'altro. Peppino insistette tanto con i nonni e con papà. Era il 1940.

Peppino venne tante volte a trovarci. Restava con nonno Pippo e gli diceva: «Noi non stiamo ad aspettare che ci succeda qualcosa. Dovete venire via anche voi, dammi retta, Pippo, siamo in pericolo tutti quanti. Tu sei già malato, non restare qui, vieni con noi che là ti curano meglio. Porta via la tua famiglia da questo paese che non ci vuole. Chiudi la ditta, ti aiuto io a liquidare tutto, partiamo insieme».

Zio Peppino era un avvocato. Con la moglie e i quattro figli, prima andò a Parigi e poi si stabilì a New York. Si salvarono tutti. Peppino aveva capito in tempo che la situazione sarebbe precipitata. I miei no. Nonno pensava che tutto sarebbe finito presto. Che i fascisti ci avrebbero anche chiesto scusa per quello che ci avevano fatto. Papà non si sentiva di imporre al padre di lasciare tutto: i nonni erano anziani, sarebbe stato un trauma per loro. Quando partirono, vidi zio Peppino che si commosse.

Forse aveva avuto un presagio di quello che sarebbe accaduto? Chissà.

Nonno Pippo, quando uscirono, disse: «Sono matti ad andare in America, noi siamo italiani e restiamo qui. Adesso è un momento brutto ma cambierà, anche Mussolini capirà che sta sbagliando».

In fuga da Milano

Nel 1941 avevo frequentato la prima media in una scuola di suore. Nello stesso istituto iniziai anche la seconda media. Ma nell'ottobre del 1942 cominciarono i bombardamenti su Milano. Succedeva all'improvviso, in qualunque momento della giornata. Sentivo a un tratto gridare, e insieme alle grida quello scoppio che mi terrorizzava, e poi altri, sempre più vicini, sempre più forti.

La seconda media per me finì presto.

Mio padre, infatti, dopo i primi bombardamenti, decise di andare via da Milano e di trasferirci tutti in campagna, a Inverigo, in Brianza, dove aveva affittato una casa.

«Staremo più sicuri lì che a Milano, Liliana. Vedrai, la casa è bella, e c'è tanto verde, ti troverai bene. E comunque non possiamo fare diversamente» mi disse papà.

Così, all'improvviso, abbandonammo la casa di corso Magenta. Cominciò la nostra vita da sfollati. Pensavamo che fosse un periodo provvisorio, ma non fu così.

Il giorno del trasloco facemmo i bagagli in fretta; io, nonna e Susanna preparavamo le valigie quasi senza parlare. Che altro c'era da dire? A nessuno di noi piaceva abbandonare la nostra casa, tutta la nostra vita era lì dentro. Ma non c'era alternativa, dovevamo trasferirci. I mobili vennero messi in un magazzino a Seveso. Partimmo. Andammo in questa villetta di campagna: io, papà, Susanna, nonna Olga e nonno Pippo. Zio Amedeo era già andato via da Milano.

Nella casa faceva freddo, i termosifoni non c'erano perché i proprietari usavano la casa solo in estate. C'erano il camino e una stufa ma non bastavano a scaldare tutta la casa. Anche l'acqua era fredda. Che differenza con la mia casa di corso Magenta! Ma non mi lamentavo di certo, anche se mi sembrava di fare un enorme sacrificio!

A Inverigo iniziò una vita totalmente diversa. Non andavo a scuola. Il nonno stava sempre più male perché laggiù non si trovavano le medicine e il morbo di Parkinson progrediva velocemente. Lui peggiorava di giorno in giorno. Non riusciva neppure più a farsi la barba e doveva venire il barbiere a casa a fargliela. Ma non era solo la barba, in realtà nonno Pippo non era più in grado di fare nulla da solo. Era tenero mio nonno. Mi sorrideva con il suo viso simpatico e io avrei voluto farlo tornare come prima, quando ce ne andavamo con la carrozza e mi raccontava dell'omino dei lampioni o quando mi chiedeva di leggergli il giornale e commentava le notizie come se fossero tutte successe a lui. Ma non c'era più quel nonno lì, però mi cercava sempre e io, non andando a scuola, avevo tanto tempo da dedicargli: lo curavo, lo imboccavo e gli regalavo un sacco di disegni per farlo divertire.

Papà andava ogni giorno in bicicletta fino alla stazione di Inverigo e lì prendeva il treno per Milano. Scendeva alla stazione di Cadorna, vicino alla nostra vecchia casa, e camminava fino all'ufficio di Foro Buonaparte, a due passi dal Castello Sforzesco. Non c'erano più clienti per l'azienda e non si guadagnava più niente. Ma per sistemare tutto e chiudere ci voleva tempo. Io lo aspettavo con la bicicletta alla stazione di Inverigo, alle sette tutte le sere.

Le bambine del paese mi vedevano spesso in giro ed erano curiose: «Ma tu non vai a scuola?» mi chiedevano.

Allora rispondevo: «Io studio a casa, privatamente, e poi devo badare a mio nonno che è molto malato...».

Ci credevano.

In realtà era anche un po' vero perché io col nonno trascorrevo moltissimo tempo e lui aveva davvero bisogno di me. A volte gli cantavo delle canzoni per farlo sorridere... ormai era come un vecchio bambino. Non poteva rimanere da solo. O c'ero io o nonna Olga, sempre presenti. Anche se era malato, si vedeva che era contento di stare con me. C'era una cosa che facevamo ancora insieme, come ai vecchi tempi: ascoltavamo la radio, ma ormai niente più commedie romantiche, sentivamo di nascosto Radio Londra, la radio clandestina che dava gli aggiornamenti sulla guerra. I vicini, che erano brave persone, ci invitavano a sentire gli aggiornamenti della guerra insieme a loro. Guardando le loro reazioni imparavo a capire quando erano notizie che portavano speranza o quando noi ebrei dovevamo avere paura.

A Inverigo non eravamo gli unici sfollati. Eravamo in tanti, anche ragazzine della mia età che avevo conosciuto a Milano. Qualcuna sapeva che ero ebrea e non potevo andare a scuola. C'era anche una famiglia ebrea, il padre era amico di papà, anche loro erano fuggiti da Milano e stavano in un albergo che era pieno di sfollati. Io andavo spesso in questo albergo per trovare un po' di compagnia.

A Inverigo passammo tutto il 1943. L'estate di quell'anno, il 25 luglio, cadde Mussolini e venne arrestato. Che felicità. Papà era rinato.

«È finito tutto» diceva. «Possiamo tornare a Milano, riprenderemo la vita di prima, tutto sarà di nuovo come prima, Liliana.»

Tutti gli italiani festeggiavano. Ma non era che un'illusione. E se ne accorse presto anche papà.

In quel periodo di incertezza mio padre si preoccupava sempre di me e della scuola. Non voleva che restassi indietro. In paese aveva trovato un'insegnante che mi faceva le ripetizioni. A fine luglio mi accompagnò, in treno, in una scuola sul lago di Como a dare gli esami di seconda media.

Era un istituto di suore dove restai da sola quasi due settimane a studiare per poter passare alla terza media.

Mentre ero lì, papà aveva capito che la situazione non sarebbe migliorata per noi. Anzi, rischiava di peggiorare. La speranza dei primi giorni, quando con la caduta di Mussolini sembrava che la guerra fosse finita, venne meno e papà si rendeva conto che, se i nazisti avessero preso il sopravvento in Italia, per noi sarebbe stata la fine. Sarebbe cominciata una persecuzione ancora più dura per gli ebrei.

Quando tornò a prendermi chiese alle suore se potevano tenermi lì con loro per tutta l'estate. Le suore accettarono, ma io mi impuntai: «No!».

Volevo tornare a casa, anche se lì si stava bene, non mi mancava niente, anzi era tutto più confortevole, ma io volevo stare con la mia famiglia. Papà non poteva obbligarmi, mi conosceva bene, sapeva che me ne sarei andata con le mie gambe se mi avesse lasciata lì. Infatti mi riportò a casa con lui e i nonni.

Il mio compleanno, nel 1943

Dopo il periodo che trascorsi dalle suore per preparare gli esami, tornai a Inverigo. Poi venne l'8 settembre. Il maresciallo Badoglio firmava l'armistizio con gli alleati anglo-americani e subito dopo fuggiva con il re Vittorio Emanuele III a Brindisi. Nel frattempo, i nazisti, inferociti dal tradimento degli italiani, che non erano più loro alleati, occuparono in pochi giorni Roma e il Nord del paese, mettendo in atto la loro politica di persecuzione nei confronti degli ebrei, aiutati dai fascisti che si erano riuniti nella Repubblica Sociale Italiana, con sede a Salò, in provincia di Brescia. Mussolini era stato liberato dai tedeschi il 15 settembre e si era autoproclamato capo dello stato, del governo e duce del nuovo Partito Fascista.

Cominciò il periodo più duro, per noi ebrei. Per la prima volta sentivamo parlare di "soluzione finale". Ma il vero significato non era ancora chiaro. Intanto, iniziò la caccia all'uomo, i rastrellamenti degli ebrei che venivano deportati nei campi di sterminio. Da lì a poco avrebbero chiuso le frontiere e non ci sarebbe stato più niente da fare. Chi poteva, scappava dall'Italia.

Erano gli ultimi giorni dell'estate. Il 10 settembre, nel giorno del mio compleanno, venne a trovarci la famiglia Pontremoli, anche loro erano sfollati a Inverigo.

Giorgio Pontremoli era un grande amico di papà. Quella sera gli disse: «Alberto, io ho prenotato un taxi, ce ne sono due qui a Inverigo. Domattina parto. Io, mia moglie, i due bambini e la nonna, andiamo in Svizzera. Parti anche tu insieme a Liliana, i tuoi genitori e Susanna».

Ma papà gli rispose: «No, Giorgio, non vedi come sta mio padre? Ormai è paralizzato, non lo posso portare via e non lo voglio lasciare qui da solo».

Ma Giorgio insisteva: «Alberto, guarda che sbagli, qui sta succedendo un finimondo, i tedeschi adesso arrivano, cosa ci succederà?».

Ma mio papà non volle partire. «No, non posso» gli diceva. «Io adesso metterò al sicuro la bambina, e resterò con mio padre. A lui cosa possono fare? Niente.»

Chi poteva pensare che avrebbero deportato ad Auschwitz un vecchio in quelle condizioni?

Giorgio e la sua famiglia si salvarono.

Quando lo rividi, dopo la guerra, lui era pieno di sensi di colpa. «Dovevo insistere di più, ho sbagliato, Liliana» mi disse piangendo.

Ma io gli risposi: «No, Giorgio, non darti colpe che non hai perché mio padre non sarebbe venuto via per nessun motivo».

I Giusti

Il giorno dopo che Giorgio e la sua famiglia furono partiti, venne un fornitore della nostra ditta tessile. Non era amico di papà, ma in quel momento si dimostrò tale. Il signor Pozzi, così si chiamava, capì che eravamo in pericolo e disse a mio padre: «Signor Segre, io ho due bambine, mi lasci portare sua figlia in Val d'Ossola, dove abbiamo una casa. Siamo sfollati anche noi. Si troverà bene con le mie figlie. È pericoloso farla restare qui».

In quel periodo chiunque aiutasse un ebreo rischiava la fucilazione immediata, o i campi di sterminio insieme agli ebrei. Il signor Pozzi lo sapeva. Eppure non esitò un istante a offrire il suo aiuto.

Io però non volevo andare, mi attaccai al collo di papà piangendo e implorandolo di farmi restare con lui. Ma mio padre, a quel punto, fu irremovibile. Promise di venire a trovarmi presto e mi fece salire sulla motocicletta del fornitore. Salutai i nonni con i lacrimoni che mi scorrevano sulle guance. Non sapevo che quella sarebbe stata l'ultima volta che li avrei visti.

Con la famiglia Pozzi restai un mese. Erano davvero tanto gentili con me, ma io spesso ero sgarbata, non capivo bene quello che stava succedendo, il pericolo che correvano nascondendomi. Per me erano solo delle persone che mi tenevano lontana da mio padre e dai nonni. Mi sentivo quasi una prigioniera, non ci volevo stare a casa Pozzi e non fui gentile con loro.

Ripensandoci, mi sono data della stupida tante volte. Ma avevo tredici anni e pensavo solo che sarei voluta tornare a casa mia. Ricorderò sempre la famiglia Pozzi perché anche loro sono stati dei Giusti, come Susanna.

Ma furono anche altri i Giusti nella mia vita, in quegli anni. E io non dimentico nessuno.

Una notte, che ricordo ancora con terrore, a casa della famiglia Pozzi arrivarono i tedeschi. Fecero uscire gli uomini del paese dalle proprie case e controllarono i documenti a tutti, cercavano ebrei e partigiani. Mio padre quella sera era venuto a trovarmi. Lui mantenne la calma e mostrò i documenti come tutti. Lo scambiarono per un medico perché nel documento c'era il titolo di "dottore". Quel giorno si salvò.

Ma papà si rese conto che neppure lì ero al sicuro e mi portò via.

Luigi Strada fu un altro angelo che cercò di salvarci. Lui lavorava con mio padre. I tedeschi erano dappertutto e controllavano continuamente i documenti. Eppure lui si offrì di portarmi da un altro amico di famiglia che era a Castellanza, in provincia di Varese, il quale mi avrebbe ospitata. Il signor Strada convinse papà che avrebbe rischiato troppo se mi avesse accompagnata, e lui alla fine mi lasciò andare con il signor Strada.

Andai a casa di Paolo Civelli, un'altra persona speciale, amico fraterno di papà, lo stesso che aveva rilevato la scuderia Balilla per non farla finire in mano ai fascisti. Lui e la sua famiglia mi diedero tutto l'affetto e il conforto di cui avevo bisogno. Papà veniva a trovarmi quando poteva, con i pullman e gli autobus, rischiando sempre la vita per via dei tedeschi e della loro caccia all'ebreo.

Un giorno mi portò i documenti falsi. Da quel momento mi chiamavo Liliana Cherubini, nata a Palermo. Venni fatta passare per la nipote della signora Civelli che da signorina faceva appunto Cherubini. Ma non ricordavo mai quel cognome, non lo volevo ricordare. Mi sembrava tutto sempre più assurdo.

Era il novembre del 1943 e reagivo a tutti gli avvenimenti chiudendomi sempre di più in me stessa. Proprio io, che ero sempre stata una ragazzina estroversa e gioiosa. Ma allegria e spensieratezza se ne erano andate da un pezzo. Avevo sempre paura. Vedevo l'angoscia negli occhi di mio padre, respiravo la sua ansia, sapevo che era per me che stava male, perché aveva paura che mi accadesse qualcosa. Io soffrivo a vederlo così. Non volevo mai separarmi da lui e ogni volta che lo lasciavo gli chiedevo di ritornare a prendermi per fuggire insieme in Svizzera, come ci consigliavano gli amici. Lui avrebbe voluto, ma mi spiegava che doveva mettere al sicuro i nonni prima di partire. In quei giorni stava cercando di ottenere un permesso dal questore di Como e, una volta che lo avrebbe ottenuto, saremmo partiti. «I nonni non saranno in pericolo di vita. Con quel documento non gli potranno fare nulla. E noi andremo in Svizzera» mi diceva per rassicurarmi.

Qualcuno, infatti, aveva detto a papà che per gli ebrei anziani e con malattie gravi, come era quella di nonno Pippo, c'era la possibilità di essere affidati a delle persone ariane, cioè non ebree. Papà lo chiese ai padroni della villetta di Inverigo che erano dei signori molto gentili. Loro dissero di sì e papà, per ottenere questa carta, pagò una tassa altissima alla questura. Sul documento c'era scritto che Olga e Giuseppe Segre erano vecchi e malati e non potevano nuocere al grande Reich tedesco, per questo gli si concedeva di restare a Inverigo sotto la custodia dei padroni di casa, persone ariane rispettabili.

Volevamo credere a questo permesso. Ma era carta straccia. Nel maggio del 1944 i nonni furono trascinati via, con mio nonno che era ormai immobilizzato. Finirono subito uccisi ad Auschwitz.

La fuga in Svizzera

Sistemati i nonni, papà mi disse che saremmo fuggiti in Svizzera. Con la "soluzione finale" gli ebrei non potevano più andarsene altrove. I confini ci si chiusero alle spalle e noi ebrei eravamo in trappola. Ma la Svizzera era un paese neutrale, non c'era la guerra e se l'avessimo raggiunta saremmo stati salvi. Almeno così pensavamo.

Era l'alba del 7 dicembre 1943 quando partimmo.

La signora Civelli mi aveva procurato tutto l'abbigliamento adatto alla montagna: acquistò dei golf, scarpe nuove e giacca pesante, in modo che partissi bene equipaggiata. Ero con papà, questa era l'unica cosa che contava per me. Cominciammo il nostro viaggio su e giù da filovie e autobus, verso Varese. Dappertutto c'era il controllo documenti, noi li avevamo falsi. A ogni posto di blocco il cuore in gola, muti. Non dissero mai niente, tutto funzionò. Arrivammo a Varese e qui prendemmo una corriera che ci portò a Viggiù, e dopo a Saltrio, l'ultimo paese italiano prima del confine. Lì avevamo appuntamento con i contrabbandieri che ci avrebbero condotto al confine con la Svizzera, passando dalle montagne. Fino a quel punto eravamo soli io e papà, una valigia a testa.

Era già verso sera e a Saltrio incontrammo questi due ceffi spaventosi. Papà aveva pagato una cifra altissima per farci attraversare le montagne senza incontrare le guardie e arrivare in Svizzera.

I contrabbandieri ci trattavano male, come se fossimo un peso. Ci portarono di notte sulla montagna e ci fecero entrare in una casupola, una specie di caverna. Lì ci aspettava una donna che era anche peggiore dei contrabbandieri. Non ci diedero neppure un piatto di minestra, ci fecero pagare altri soldi per passare lì la notte: pretesero ben mille lire, moltissimo a quel tempo. Dormimmo su delle tavole, in terra.

Nella casa trovammo due vecchi signori, erano cugini di mia nonna Bianca, si chiamavano Rino e Giulio Ravenna. Anche loro volevano passare il confine, ma erano molto anziani e chiaramente avrebbero rallentato la fuga. Mio padre voleva assolutamente mettermi in salvo, e quando li vide cominciò a essere nervoso. Temeva che con due anziani al seguito non ce la facessimo. Disse ai contrabbandieri che i patti erano che saremmo stati io e lui da soli. Così aveva chiesto. Ma quelli, per tutta risposta, alzarono le spalle e dissero sprezzanti: «Anche questi due pagano».

Tutto qui. La mattina dopo partimmo all'alba, non ci

diedero certo la colazione. A digiuno, cominciammo la marcia sulle montagne con i due parenti di papà che non ce la facevano a camminare e i contrabbandieri che ci mettevano fretta. Dopo ore di cammino, ci abbandonarono all'inizio di una cava di sassi. Ci buttarono giù le valigie, che si aprirono disperdendo tutto quello che c'era dentro. Pioveva, tutte le nostre cose si persero fra i sassi. Mio padre era infuriato, gliene disse di tutti i colori, ma i due malviventi se ne andarono senza neppure rispondergli. Sembrava che ci provassero gusto a vederci in difficoltà.

A quel punto dovevamo arrangiarci. La discesa era ripida, la pioggia sottile picchiava sulle pietre e si scivolava. Mio padre, piano piano, fece scendere me, poi tornò su e uno alla volta si mise sulle spalle i due fratelli, Rino e Giulio, portandoli fino a dove stavo io. Dopo un po', finalmente, eravamo tutti a valle, ce l'avevamo fatta! Papà era stanchissimo, ma mi sorrideva. Sentivamo odore di libertà e felici ci abbracciammo.

O tutti o niente

Prima di rimetterci in viaggio provammo a recuperare qualcosa fra le pietre bagnate, cercando di ricomporre, per quel che si poteva, le valigie. Non sapevamo ancora quanto mancasse al confine. Ma sapevamo che il viaggio non era finito. C'era un tratto di bosco da percorrere. Alla fine di quel lungo tragitto sbucammo dal fitto degli alberi e vedemmo la bandiera svizzera. Finalmente! Era già mattina. Eravamo in prossimità di un paesino chiamato Arzo, nel Canton Ticino. Vedemmo subito le guardie svizzere. Ma non avevamo paura, eravamo tranquilli perché pensavamo di essere al sicuro, lontani dall'Italia e dalle leggi razziali. Le guardie ci dissero di seguirle, entrammo in paese e la prima cosa strana che notai fu che nessuno ci guardava. In fondo, pensavo, nei piccoli centri si conoscono tutti, si sa chi è forestiero. Ma nemmeno uno sguardo si alzò su di noi. Non erano curiosi questi svizzeri?

Eravamo stanchissimi quando arrivammo al comando. Affamati e assetati. Anche lì non ci diedero neppure un bicchiere d'acqua. Dopo due ore di attesa venne un ufficiale svizzero per interrogarci. Mio padre non sembrava aver affrontato tutto quel viaggio terribile, era in piedi davanti all'ufficiale e parlava con rispetto ma deciso a far capire bene perché avessimo percorso tanti chilometri sulle montagne, come dei fuggiaschi, per raggiungere il confine. Spiegò che eravamo ebrei scappati dall'Italia perché c'erano le leggi razziali ed eravamo perseguitati.

«In Italia rischiamo la morte, signore» concluse mio padre. Ma l'ufficiale non gli credeva. Gli disse che eravamo degli impostori, non credeva neppure che fossimo ebrei! Lo accusò di essersi inventato quella storia degli ebrei perché non voleva prestare il servizio militare. Ci disse che ci avrebbe rimandato indietro. In Italia.

Papà sulla montagna, alla fine del viaggio, aveva buttato i documenti falsi dove mi chiamavo Liliana Cherubini e mostrammo all'ufficiale svizzero i nostri veri documenti che attestavano l'autenticità delle nostre dichiarazioni. Eravamo ebrei e stavamo scappando dalla persecuzione nazi-fascista.

Ma l'ufficiale fu irremovibile. Continuava ad accusare mio padre di aver fatto tutto quel viaggio perché non voleva fare il militare! Poi disse che non era vero che in Italia gli ebrei erano perseguitati. Eravamo dei bugiardi.

A quel punto capii che non c'era niente da fare, quell'uomo era odioso con la sua arroganza e le offese a mio padre:

impostore, bugiardo, vigliacco... Avrei voluto poterlo fulminare con uno sguardo, vederlo ridotto in cenere e poi soffiare e disperderlo nell'aria. Era cattivo.

Presa dalla disperazione mi buttai ai suoi piedi piangendo. Me lo ricordo bene, mi aggrappai alle sue ginocchia con l'ufficiale che cercava di scansarmi con i piedi, aveva paura che gli sporcassi la divisa immacolata.

«La prego, non ci mandi via, la prego, la prego, signore» continuavo a dire.

Lui rispose che, forse, telefonando a Berna avrebbero potuto tenere me. Ma gli altri sarebbero stati respinti e rimandati in Italia.

«No» risposi io senza esitare. «O tutti o niente.»

Ci rimandò tutti dalle giovani guardie sghignazzanti. Queste ci riportarono indietro, lasciandoci in un punto che segnava il confine: c'era una rete che divideva l'Italia dalla Svizzera. Pioveva ancora e a breve avrebbe fatto buio. Le guardie svizzere con i fucili spianati ci intimarono di andare al di là della rete di confine. Io vidi un cancello in mezzo a quella rete e d'istinto corsi in avanti per toccarlo, per vedere se si apriva. Iniziò a suonare l'allarme e arrivarono subito i finanzieri italiani. Era l'8 dicembre 1943.

Da una parte della rete c'erano le guardie italiane e dall'altra quelle svizzere. Noi eravamo in mezzo, quattro persone esauste, con i fucili puntati da entrambe le parti, pronti a sparare se avessimo fatto una mossa falsa. Ma cosa avremmo potuto fare a quel punto?

Mio padre tentò l'ultima preghiera ai finanzieri italiani.

«Senta, ci faccia entrare e poi lasciateci andare, riproviamo da un'altra parte del confine. Abbiate pietà.»

Il finanziere non fu cattivo come le guardie svizzere che continuavano a deriderci. Ma non poteva aiutarci.

«Io non ci posso fare niente, siamo obbligati ad arrestarvi se entrate. Vede lassù?» disse indicando in alto, sulla montagna. «C'è la caserma tedesca col cannocchiale puntato sulla frontiera, ci controllano tutto il giorno. Noi abbiamo famiglia. Mi creda, mi dispiace ma non possiamo aiutarvi.»

Passammo dalla parte italiana e ci arrestarono. Le nostre speranze restarono nel fango, insieme ai gioielli, le monete e i francobolli che papà gettò a terra. Sarebbero dovuti servire a farci sopravvivere in Svizzera per qualche tempo. Ma papà sapeva che glieli avrebbero presi in caserma i tedeschi. E allora, meglio nel fango.

Un carcere dopo l'altro

Ci fecero passare la notte nella camera di sicurezza della caserma dei finanzieri. Il giorno dopo le SS, la polizia nazista, ci portarono in automobile al carcere di Varese. Mio padre lo avevano ammanettato, come se avesse potuto scappare. Non riuscivo neppure a guardarlo con le manette ai polsi. Era troppo. Lui aveva gli occhi chiusi, era disperato, forse avrebbe voluto piangere, ma non lo fece per non farmi stare più male. Mi portarono nell'ala femminile e mi separarono da papà. A tredici anni entravo nella cella di un carcere, da sola.

Una secondina mi buttò letteralmente dentro la stanza buia e io piangevo come una disperata, ormai non avevo più freni. Non avevo più bisogno di farmi vedere forte dal mio papà.

La cella era grande e c'erano una ventina di donne. Vedendomi sola e sentendomi piangere così forte, si avvicinò una ragazza, Violetta. Si alzò dai paglialicci e venne ad abbracciarmi, tenendomi stretta a lei e alla sua mamma. Violetta non mi aveva mai vista, eppure mi diede tutto il suo amore per consolarmi, ma io non facevo che piangere sulla sua spalla. Era bellissima, bruna e con gli occhi viola dolcissimi. Era una ragazza speciale. Un Giusto, anche lei.

Quando tornai da Auschwitz mi costò tantissimo raccontare ai fratelli quello che avevo visto. Fu terribile dovergli dire che Violetta e la sua mamma, all'arrivo al campo, furono mandate dai nazisti nella fila dalla quale non si tornava indietro.

Dopo circa una settimana dal carcere di Varese ci trasferirono in quello di Como. Era ancora peggio del primo: umido e freddo, eravamo in una cella dai soffitti alti alti, con piccole finestre che non potevamo raggiungere. Con me non c'era più Violetta.

Un giorno mi dissero che anche mio padre era stato trasferito nello stesso carcere. Poi venne una guardia e mi consegnò una piccola valigetta che riconobbi subito: era di mio papà. La guardia mi disse solo: «Questi te li manda tuo padre». Dentro c'erano dei biscotti rotti. La guardia non mi diede neppure il tempo di chiedergli come stava che se ne andò senza darmi retta. Mangiavo i biscotti e piangevo pensando a papà, chissà come dovevo mancargli. Un attimo dopo mi rincuoravo perché almeno era vivo e stava nel mio stesso carcere.

Dopo qualche giorno ci portarono tutti via con un camion, destinazione San Vittore, a Milano. E nel camion ritrovai papà. Ci abbracciammo senza dire una parola.

All'arrivo eravamo terrorizzati che ci separassero ancora. Invece ci misero tutti insieme, uomini e donne. Ricordo una vecchina che aveva novantotto anni, ci raccontò che l'avevano portata via da una casa di riposo di Venezia. La portavano a morire ad Auschwitz.

L'unico sollievo era avere papà vicino a me, eravamo insieme finalmente.

"Almeno siamo a Milano, se guardo fuori vedo piazzale Aquileia." Cercavo di farmi forza in questo modo quando arrivammo a San Vittore. Il quinto raggio del carcere era stato destinato a noi ebrei. Ma non saremmo rimasti a lungo. Gli altri prigionieri ci dissero che era già partito un trasporto per ignota destinazione, e capimmo che San Vittore era solo l'ennesima tappa di transito. Non sapevamo che sarebbe stata l'ultima, prima dell'inferno.

La cosa più terribile di quel periodo era quando portavano via gli uomini per gli interrogatori; anche mio padre fu preso diverse volte. Io restavo sola in cella ad aspettarlo. Ore eterne. Guardavo muta i muri delle celle, li leggevo in attesa di papà. Sopra c'erano le scritte e le incisioni di quelli che erano passati prima di noi. Scrivevano saluti, poesie, appelli e ringraziamenti ai propri cari, lasciavano sul muro i loro nomi e quelli di chi avevano amato, come se volessero lasciare una traccia della loro esistenza.

Aspettavo. E mi sembrava di sentire le grida di papà e degli altri che stavano sotto interrogatorio. Sapevo che li picchiavano e li torturavano. Ogni volta che tornava, papà era più disperato. Mi abbracciava e non voleva raccontare. Quei quaranta giorni a Milano furono terribili, ma furono anche gli ultimi giorni vissuti con mio padre.

Certe notti mi accorgevo che papà piangeva accanto alla mia branda, si sentiva colpevole di non essere riuscito a salvarmi. In quei giorni papà aveva perso la speranza. Lo percepivo, era la cosa che mi faceva stare peggio.

Alla sera, le guardie abbassavano la luce. Un secondino si lasciava corrompere, non so cosa prendesse da noi ebrei perché non avevamo più niente, ma qualcosa chiedeva in cambio, e ci permetteva di leggere il giornale per mezz'ora, "Il Popolo d'Italia". Però la luce era talmente fioca che gli uomini non riuscivano a leggere niente. Allora chiedevano a noi ragazzi di leggere. Io l'ho fatto tante volte. Ricordo che stavo in piedi a leggere e tutti gli adulti intorno ad ascoltare. Io non capivo molto di quello che leggevo ma i grandi ogni tanto esclamavano: «Oh, Dio! No!».

Non erano mai buone notizie per noi.

A San Vittore ritrovai Violetta e spesso ci facevamo compagnia. C'erano tanti ragazzi più o meno della mia età e alle sei di sera, quando ci davano la possibilità di radunarci, stavamo tutti insieme. Allora, fra di noi, si scatenava tutta la curiosità: chi chiedeva le ultime notizie del mondo fuori a chi era appena arrivato, chi riportava quanto aveva sentito, chi faceva supposizioni su quello che ci sarebbe accaduto. Tutti sapevano, ma nessuno, invece, conosceva la verità. C'era un'agitazione febbrile che prendeva tutti, anche io facevo tante domande, ma evitavo di farle a papà perché lo vedevo silenzioso, volevo solo stargli vicina.

Nel carcere ritrovammo anche Giulio e Rino Ravenna, i cugini di nonna Bianca che avevano tentato la fuga in Svizzera con noi. Giulio era molto anziano e non si alzava più dalla branda. Sapevamo che era sposato con una donna non ebrea che si chiamava Maria. Un giorno ci chiamò e ci disse che la moglie era riuscita a far entrare un pacco di viveri.

«Con tutto quello che hai fatto per noi sulle montagne» disse a mio padre «voglio dividere con te e Liliana questo cibo.»

Aprimmo il pacco, che in parte purtroppo era già stato "visitato" dalle guardie carcerarie, e scoprimmo che la moglie gli aveva mandato riso crudo, farina e qualche biscotto. Che ce ne facevamo di riso e farina? Provammo a far cuocere il riso sulla gamella di metallo che ci davano per mangiare, sopra una candela. L'acqua era poca e il riso, dopo oltre un'ora, era cotto. Ma sapeva di fumo, era immangiabile.

Il Binario 21

Gennaio stava finendo. Un giorno i nazisti chiamarono un lungo elenco di nomi: 605. C'erano anche il mio e quello di papà.

Era il 30 gennaio 1944. Ci mettemmo in fila con gli altri in una lunga coda muta. Nessuno di noi sapeva dove ci avrebbero portato, non si poteva domandare, avresti preso solo botte. O fucilate.

Attraversammo il carcere in silenzio per arrivare al cortile dove ci aspettavano i camion. A un tratto un coro di voci ci investì: erano i detenuti comuni, quelli che, a differenza di noi ebrei, erano in carcere perché avevano commesso dei reati. Si sporgevano dai ballatoi degli altri raggi della prigione gridandoci parole di incoraggiamento e solidarietà, qualcuno lasciava cadere una mela, un'arancia. Furono gli unici che sentimmo vicini a noi, come fratelli, furono magnifici.

I soldati ci caricarono su un camion e attraversammo

Milano. Era deserta. Da un angolo del telone chiuso vedevo le strade che amavo di più: piazzale Baracca, via Carducci... persino corso Magenta e la mia casa. Chissà se l'avrei mai rivista, pensavo dentro di me.

Alla Stazione Centrale i camion dove ci avevano rinchiuso entrarono in un sottopassaggio in via Ferrante Aporti e poi si infilarono nei sotterranei della stazione.

I nazisti ci fecero scendere velocemente, a forza di calci e pugni. I latrati dei cani li usavano per metterci fretta e spaventarci. Ci trovavamo nel ventre della stazione. Ci attendevano dei vagoni bestiame dove fummo caricati con violenza. Appena un vagone veniva riempito, lo sprangavano e poi, con un elevatore, lo alzavano fino alla banchina di partenza: qui i vagoni venivano agganciati l'uno all'altro. I carri bestiame si riempirono di noi umani che non riuscivamo neppure più a guardarci, impietriti e spaventati da quella violenza, dal buio pesto in cui tutto si era svolto e dall'ignoto che ci aspettava.

Guardai dentro il nostro vagone, eravamo tanti, troppi. Come si poteva pensare di farci viaggiare in quel modo? Com'ero ingenua! Quello era solo l'inizio.

Non sapevamo niente, durata del viaggio, destinazione finale... Chissà quante ore saremmo stati dentro quei carri. A terra c'era solo un po' di paglia e un secchio. "A cosa serve quel secchio?" mi chiedevo. Poi capii. Era il nostro bagno per tutto il viaggio.

Ma perché ci portavano via? E dove? Per quanto tempo?

Tante domande ma nessuna risposta. Anche i grandi non sapevano nulla. Era inutile chiedere. E poi, nessuno aveva voglia di parlare. Per dirsi cosa?

Osservavo i visi degli adulti che erano con me: vi erano disegnate espressioni che non saprei descrivere, anche adesso, dopo tanti anni. Era come se la speranza li avesse abbandonati, non avevano parole e non avevano più sguardi per gli altri, era come avere accanto dei fantasmi.

Avevo tredici anni, anche io avevo molta paura, ma in quei momenti ancora non credevo che potesse esistere un luogo come Auschwitz.

Album di Famiglia
1936-1943

Liliana con il papà Alberto
– Macugnaga 1939 –

Liliana e il nonno Pippo
– 1936 –

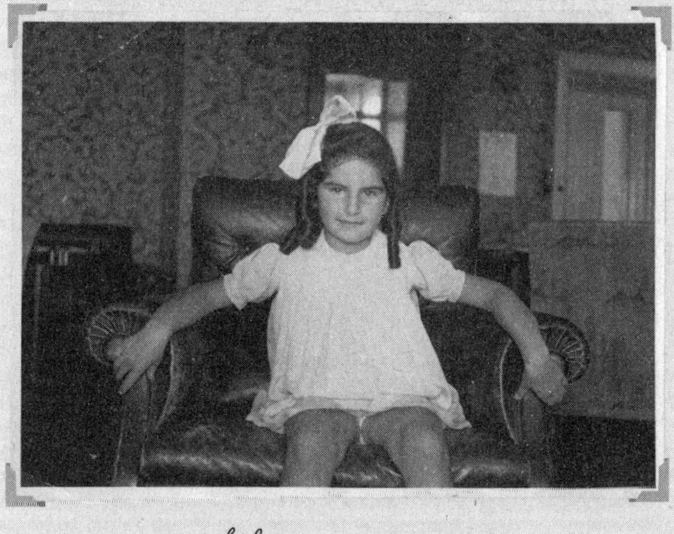

Liliana a sei anni

Con la nonna Bianca al Castello Sforzesco
– Milano 1941 –

Liliana in bicicletta

– Inverigo 1943 –

Terza Parte

Sempre con me

Dentro Auschwitz

Sul treno io e papà eravamo stretti l'una all'altro. Papà non aveva più lacrime né parole, solo ogni tanto mi diceva, come in preda a un delirio, di perdonarlo per avermi messo al mondo. Era consapevole che non poteva fare più niente per salvarmi e non riusciva a sopportarlo. Io sapevo che era la disperazione a farlo parlare, così mi stringevo a lui cercando di dargli conforto. Almeno eravamo insieme, questo era per me sopra ogni cosa.

In viaggio gli dissi: «Papà, io sono felice di essere con te in questo momento, non avrei voluto essere da un'altra parte». Improvvisamente ero diventata adulta.

Il viaggio fu lungo, circa una settimana. Eravamo tutti ammassati dentro i carri bestiame, senza acqua né luce. Un secchio in ogni vagone per i bisogni di tutti. Poca paglia a terra, come nelle stalle per gli animali. C'era chi pregava, instancabilmente. C'era chi piangeva, instancabilmente. Ma la maggior parte di noi era muta, come me e papà.

Non c'era più niente da dire. Arrivammo ad Auschwitz, infine. Eravamo 605. Qualcuno era morto nel viaggio, li tirarono fuori dal treno solo allora.

Ci fecero scendere con la solita violenza gridata. Auschwitz si presentò ai nostri occhi come un'enorme spianata di neve. Intorno a noi, freddo e desolazione. Una volta scesi dai vagoni ci ritrovammo subito circondati da tanta gente, c'erano i prigionieri del campo che avevano l'ordine di prendere e smistare le valigie, c'erano i soldati nazisti che smistavano noi, le guardie con i cani al guinzaglio che abbaiavano. Mi ricordo tanta confusione.

Dopo un po', un soldato nazista cominciò a parlare e calò il silenzio. Qualcuno tradusse le sue parole.

«Calmi, state calmi, noi vi dobbiamo solo registrare. Gli uomini da una parte e le donne dall'altra, stasera sarete di nuovo insieme, gli uomini lavoreranno e le donne faranno i lavori di casa. Adesso vi registriamo e poi le famiglie si riuniranno.»

Ci volevamo credere. Come potevamo immaginare che degli esseri umani, come noi, avessero programmato le camere a gas per altri esseri umani?

Invece, quello era un modo per tenerci calmi, per farci fare quello che volevano. Obbedimmo, non avevamo altra scelta.

Subito ci divisero, io e papà ci abbracciammo, pensavamo che poco dopo ci saremmo rivisti e riuniti. «Poi torniamo insieme» mi diceva papà per farmi coraggio. Io gli credevo.

Tutti in riga, gli uomini da una parte e le donne e i bambini dall'altra. Papà era stato messo in fila con gli uomini, lontano da me. Aspettavamo la "registrazione", così la chiamavano. Non sapevamo ancora che cosa significasse, ma lo capimmo presto.

Faceva freddo e c'era tanta neve quel giorno. Io mi giravo verso papà e gli facevo dei piccoli saluti per farmi coraggio. Mi veniva da piangere perché vedevo che papà si allontanava sempre di più dal mio gruppo. Non capivo cosa succedeva, quale fosse la logica che i nazisti usavano nella divisione delle persone, dopo la registrazione. Mi sembrava strano che qualche gruppo di persone, miste, venisse portato via dentro i camion, altri a piedi, in direzioni diverse. Cominciavo a pensare che ci avessero mentito sui ricongiungimenti, avevo il magone e seguivo tutti i movimenti che faceva papà nella fila degli uomini. Però, intanto noi andavamo avanti e io dovevo stare attenta a cosa succedeva nella mia fila, se non sentivi un comando ti picchiavano. A un tratto mi girai per salutare ancora papà... ma lui non c'era più, non lo vedevo più... Cominciai ad agitarmi, mi sembrava di impazzire perché non potevo correre e andarlo a cercare come avrei voluto fare, non potevo muovermi, staccarmi dalla fila dove mi avevano messa. Continuavo a guardarmi intorno sperando di vederlo... fino a quando capii che era inutile. Era sparito, era stato portato lontano da me, insieme ad altri prigionieri. Era il 6 febbraio 1944.

Eppure istintivamente cercai di non perdermi d'animo.

Mi dissi che comunque l'avrei rivisto, una volta passata la confusione. Ci avrebbero riuniti nel campo, l'avevano detto. In fila ero insieme a una mamma e ai suoi due figli. Papà aveva chiesto a questa signora dolcissima, Mafalda Morais, quando eravamo ancora a San Vittore, di tenermi con lei se ci avessero divisi. Si preoccupava sempre che non restassi sola. Mafalda aveva accettato subito e adesso mi teneva accanto a lei e ai suoi due figli, Graziella e Alberto. Ma, a un certo punto, mi accorsi che era arrivato il mio turno di registrarmi. Non so perché ma non l'aspettai e andai da sola davanti al soldato.

L'istinto mi salvò perché, lo seppi dopo, i nazisti avevano deciso di far passare trentuno donne. Io rientrai nelle trentuno che passarono, tutte le altre furono mandate direttamente a morire nelle camere a gas.

Mi presentai davanti alla guardia nazista e questa mi chiese se ero sola, risposi di sì e mi disse di raggiungere la fila di sinistra.

Poco dopo essere passata, vidi Violetta abbracciata a sua mamma andare nella fila di destra e anche la signora Morais e i suoi due figli furono mandati dalla stessa parte.

Non sapevo ancora, in quel momento, che i nazisti avevano deciso di farmi vivere, almeno fino a quando sarei stata in grado di lavorare. Non sapevo, invece, che Violetta e la sua mamma, e così Mafalda e i suoi figli Alberto e Graziella, stavano andando verso le camere a gas. Fu solo una questione di fortuna, o destino, capitare fra le trentuno donne che i nazisti avevano deciso di far vivere perché era il numero che serviva in quel momento dentro il campo. Se avessi aspettato a presentarmi alla registrazione sarei stata mandata nella fila di destra anche io.

Un'altra cosa che scoprii più tardi fu che quel giorno mi salvai anche per un altro motivo: la guardia non mi chiese quanti anni avevo, per mia fortuna ero alta e dimostravo più di tredici anni. I nazisti avevano una regola che seguivano alla lettera quando eseguivano la registrazione degli *Häftlinge*, i prigionieri: dai tredici anni in giù i bambini venivano mandati direttamente nelle docce, ovvero nelle camere a gas. Avevano deciso che, sotto i tredici anni, i ragazzi non fossero abbastanza forti per lavorare nel campo, erano *Stücke* inutili. *Stück*… ci chiamavano così, facendo seguire a questa parola i numeri tatuati sul braccio. In tedesco significa "pezzo". Non eravamo più uomini. Ad Auschwitz diventammo… pezzi.

Voglio vivere

Quando entrai nel campo non facevo che piangere. Per oltre una settimana andai avanti così. Piangevo, piangevo, piangevo. Provavo una disperazione assoluta. Era come se mi rendessi conto solo allora che tutto era finito, ormai tutto era perduto. Non avevo più niente, niente. Neppure un fazzoletto per asciugare le lacrime. Non ci avevano lasciato niente. Solo il corpo, un corpo che piano piano diventava uno scheletro.

Giorno dopo giorno mi guardavo riflessa nelle altre prigioniere, come in uno specchio: visi da scheletro e occhi senza vita, le gambe magrissime da spostare una sull'altra, con fatica.

Era una realtà talmente spaventosa che quando mi resi conto che il campo era pieno di mucchi di cadaveri, di scheletri che camminavano come fantasmi, di persone in punizione per un nonnulla, di violenza gratuita che poteva scatenarsi per uno sguardo sbagliato o una parola sussurrata a un altro prigioniero… dentro di me, senza che ne fossi conscia, scattò qualcosa.

Il desiderio di sopravvivenza, fortissimo. Un desiderio selvaggio, primitivo, che era prima di tutto del mio corpo, che voleva farcela, che non voleva arrendersi. Non fu un ragionamento consapevole, ma un istinto di cui mi sono resa conto solo dopo, quando tutto era finito.

Però non sarebbe bastato. Lì dentro non sarebbe bastato voler sopravvivere.

Nei primi giorni le prigioniere adulte mi dissero poche regole non dette del campo, le regole di sopravvivenza. Mi restarono impresse. Le seguivo scrupolosamente.

Prima di tutto, imparare il tedesco per rispondere subito ai comandi, se non capivi gli ordini le guardie e le kapò, le prigioniere che erano state "promosse" anche loro a guardie dai nazisti, si arrabbiavano, venivi messa in punizione, bastonata, o peggio.

Imparare il proprio numero tatuato sul braccio, in tedesco, in modo che quando sentivi il numero sapevi di essere stata chiamata, se li facevi aspettare finiva male.

Mai guardare in faccia gli assassini, rendersi invisibile. Non distinguersi per nessun motivo.

Non farli aspettare quando impartivano un ordine, l'obbedienza doveva essere cieca e immediata.

Se anche ti ammalavi non dovevi mai dirlo, perché chi andava in una specie di ospedale chiamato *Revier* raramente tornava indietro.

Ma anche sapere tutto questo poteva non bastare per sopravvivere perché se a una guardia nazista, o alla kapò della baracca, non piacevi, avrebbe potuto mandarti a morte con qualunque scusa. Avevano potere assoluto sui prigionieri.

Io ho avuto la "fortuna" di lavorare in fabbrica. Lavorare al coperto ti esponeva meno al freddo, ci si ammalava meno. Rimasi un anno in una fabbrica di munizioni, tuttora esistente in Germania. Settecento donne e ragazze di giorno e altrettante nei turni di notte. Non si fermava mai la fabbrica. Eravamo schiave, lavoravamo fino all'esaurimento delle forze, poi diventavamo pezzi che non servivano più.

Con il passare dei giorni, smisi di piangere, iniziai a chiudermi in me stessa, non parlavo con nessuno. Mi avevano rinchiusa nel settore femminile del complesso di Auschwitz-Birkenau. Auschwitz era il campo per gli uomini, Birkenau quello per le donne. Nel lager vivevo minuto per minuto. Un conto era il mio corpo – una gamba davanti all'altra a testa bassa – e un conto era il mio cervello che cercava di non essere lì.

Successe una cosa dentro di me senza che me ne rendessi conto: a un certo punto la mia mente cominciò a rifiutare di partecipare alle cose terribili che succedevano nel campo. Non mi voltavo quando qualcuna di noi era messa in punizione, non ascoltavo quando le prigioniere parlavano di violenze a cui avevano assistito o alle quali erano state sottoposte. Non sentivo se qualche prigioniera raccontava cose successe in altri campi di cui aveva sentito parlare, o quando qualcuna ricordava i tempi prima del lager. Io non volevo sapere. Non lasciavo il mio cervello libero di registrare quello che accadeva intorno a me. Se avessi partecipato con il cuore alle sofferenze spaventose che vedevo ogni giorno, se mi fossi affezionata a qualche prigioniera che avrei potuto veder morire da un giorno all'altro, non ce l'avrei fatta a sopportare quei giorni, uno dopo l'altro.

Solo il mio corpo – con la mia magrezza, la fame, il freddo, le piaghe, le febbri, le punizioni che subivo – mi riportava nel campo, dentro Auschwitz. Ma la mente no, la mente distoglieva lo sguardo, e io ricominciavo a fuggire. Senza vedere, senza sentire le grida di giorno e di notte. Avanti, una gamba dopo l'altra, a testa bassa, senza guardare in faccia chi mi stava intorno. Io non mi appoggiavo a nessuno e nessuno doveva appoggiarsi a me per sopravvivere. Ero diventata egoista. Era l'unico modo per continuare a vivere.

Ma c'era un pensiero che non mi abbandonava. Non potevo chiudere gli occhi e far finta che non esistesse come facevo per la realtà che avevo intorno. Pensavo a papà. Dov'era? Cosa gli avevano fatto? Ormai conoscevo la vita del campo, sapevo con quanta facilità morivano le persone. Sapevo dei forni che mandavano fumo tutto il giorno. E se fosse morto? Se lo avessero mandato al gas? Non ce la facevo a sopportare anche solo il pensiero. Era terribile non avere notizie, mi si affacciavano alla mente le situazioni più angoscianti e non riuscivo a fermarle, a non farle passare davanti agli occhi. Che fine aveva fatto papà? Non sapevo a chi chiedere notizie.

Fino a che un giorno, nella fabbrica, incontrai degli uomini che avevano viaggiato con noi sul treno. Facendo attenzione a non essere vista dalle kapò, chiesi a loro notizie di papà. Mi dissero che l'avevano messo a lavorare al campo di Buna-Monowitz. Era vicino ad Auschwitz. Sapevo che era un campo durissimo, tutti dicevano che da Buna-Monowitz difficilmente si tornava indietro. La notizia mi gettò nella disperazione. Però, pensai subito dopo, almeno era vivo.

Papà era vivo!

Lo pensavo continuamente. Ero sicura che lui stesse soffrendo, soprattutto perché mi immaginava dentro quell'inferno. Avevo paura che si lasciasse andare alla tristezza per via di quella pena nel cuore.

In ogni prigioniero vedevo lui, vestito a righe e con la testa rasata, il berrettino che dovevamo levare di corsa quando c'era un ufficiale delle SS o una guardia nazista. Se qualcuno tardava a toglierlo, veniva preso a calci e sottoposto a punizioni terribili. Quante volte succedeva... Io pensavo a papà e lo vedevo picchiato, deriso, offeso. Era un pensiero fisso che mi tormentava.

Ma poi c'erano la fame, la stanchezza, la fatica per la sopravvivenza… Passavano i giorni, poi le settimane e i mesi. Il pensiero di papà cominciò a restare sullo sfondo. In primo piano restavano le grida, i pianti, la sofferenza fisica e quella psicologica. Non smisi mai di pensarlo, ma cessai di vederlo in tutti i prigionieri che soffrivano, in quelli che andavano a morte o erano picchiati. La mia mente e il mio cuore non potevano reggere quella pena.

Stella stellina, resta con me

Sognavo a occhi aperti. Mai a occhi chiusi. Non ho mai sognato di notte ad Auschwitz. Di giorno sì, immaginavo di correre su un prato che ricordavo, in mezzo ai fiori, nel sole; mi raccontavo i film che avevo visto, i libri che avevo letto, le mie canzoni preferite, le commedie ascoltate alla radio con nonno Pippo. In questo modo non permettevo al cervello di vedere quello che accadeva davanti a me, la realtà quotidiana della mia nuova vita all'inferno. Avevo un mondo di fantasia e di ricordi che mi trascinava lontano da lì. Ritornavo con la mente a una festa con le amiche, a una vacanza, a una gita in campagna... Ma niente che riguardasse la mia famiglia, la mia casa, i visi più cari, dei miei nonni e di mio papà. Quelli erano ricordi proibiti. Perché non potevo sopportarli, mi avrebbero fatto troppo male. Filtravo le cose che potevo ricordare e scartavo quelle che non avrei avuto la forza di sopportare. Non lo facevo consapevolmente, era un modo per sopravvivere. Usavo tutte le mie forze per restare lontana dal lager, almeno con la mente. Se sono sopravvissuta è anche per l'intensità con la quale esercitavo questa volontà.

Alla fine della giornata, il mio mondo di fantasia, al quale mi aggrappavo per "fuggire" dal campo, era diventato una piccola stella che vedevo in cielo. Sempre la stessa. L'avevo notata una sera di cielo terso, quando i nostri aguzzini ci davano pochi minuti di tregua.

Da quella sera, ogni giorno quando arrivava il buio la cercavo, le parlavo. Ero felice di ritrovarla, significava che un altro giorno era passato ed ero ancora viva. Mi identificavo con quella stella. Vedendola, dentro di me, le dicevo: «Finché io sarò viva, tu, stellina, continuerai a brillare nel cielo. Stai tranquilla, io non morirò. Io sarò sempre con te».

Da allora la stella è diventata un simbolo importante nella mia vita. La mia famiglia mi regala stelline d'argento e i miei nipoti disegnano per me cieli brillanti di stelle.

Eravamo tre ragazze italiane a lavorare nella fabbrica di munizioni. Il resto era di altre nazionalità. Tutte le mattine i nazisti ci portavano fuori dal campo e ci facevano fare circa tre chilometri per raggiungere la fabbrica. Eravamo costrette a cantare le loro canzoni, in marcia. Era l'ennesima cattiveria, farci cantare come se fossimo allegre. Eravamo degli scheletri invece, camminavamo a fatica, i corpi stremati dalla fame, dalle fatiche e dalle botte. Eppure dovevamo cantare come se stessimo andando a fare una gita in campagna.

In quel tratto di strada, ritrovavamo i rumori familiari. La campana di una chiesa, le grida dei bambini a scuola, un treno. I ricordi ti assalivano, ma era un attimo, i giorni cari non potevamo permetterceli. Ci avrebbero resi deboli e vulnerabili. E io non volevo diventare vulnerabile, volevo vivere.

E cantavo, obbedivo e marciavo.

In quel tragitto, la cosa più terribile era incontrare la *Hitlerjugend*, la gioventù hitleriana. Erano ragazzi fra i quattordici e i vent'anni, biondi e con la divisa nera. Erano belli, non erano scheletrici come noi, anzi. La croce uncinata sul braccio, correvano sulle loro biciclette sicuri di essere i vincitori, certi di appartenere alla razza superiore. Quando ci incontravano si fermavano e cominciavano a sputarci addosso, a insultarci con le volgarità più orribili. Avevo imparato a riconoscere le parolacce in tedesco. Erano le stesse che con il medesimo disprezzo ci sentivamo scaraventare addosso dalle guardie. Eppure quelli erano ragazzi come me o poco più grandi, mi sembrava incredibile che potessero odiare in quel modo delle derelitte, senza più corpo, come noi. Così deboli che non avevamo neppure la forza di scansare i loro sputi.

Eppure erano così, il disprezzo mortificava i loro bei visi e i loro corpi perfetti. All'epoca li odiavo, con il tempo ho imparato a guardarli per quello che erano: povere ombre nere che non sarebbero mai state sfiorate dall'umanità né dalla pietà.

Janine

Ad Auschwitz superai la selezione per tre volte. Quando ci chiamavano sapevamo che era per decidere se eravamo ancora utili e potevamo andare avanti, o se eravamo vecchi pezzi irrecuperabili. Da buttare. Era un momento terribile. Bastava un cenno ed eri salvo, un altro ti condannava. Dovevamo metterci in fila, nude, passare davanti a due SS e a un medico nazista. Ci aprivano la bocca, ci esaminavano in ogni angolo del corpo per vedere se potevamo ancora lavorare. Chi era troppo stanca o troppo magra, o ferita, veniva eliminata. Bastavano pochi secondi agli aguzzini per capire se era meglio farci morire o farci vivere. Io vedevo le altre, orrendi scheletri impauriti, e sapevo di essere come loro. Gli ufficiali e i medici erano sempre eleganti, impeccabili e tirati a lucido, in pace con la loro coscienza. Era sufficiente un cenno del capo degli aguzzini, che voleva dire "avanti", ed eri salva. Io pensavo solo a questo quando ero lì, a quel cenno. Ero felice quando arrivava, perché avevo tredici anni, poi quattordici. Volevo vivere.

Ricordo la prima selezione. Dopo avermi analizzata il medico notò una cicatrice. "Forse mi manderà a morte per questa..." pensai e mi venne il panico. Lui mi chiese di dove fossi e io con un filo di voce, ma cercando di restare calma, risposi che ero italiana. Trattenevo il respiro. Dopo aver riso, insieme agli altri, del medico italiano che mi aveva fatto quella orrenda cicatrice, il dottore nazista mi fece cenno di andare avanti. Significava che avevo passato la selezione! Ero viva, viva, viva! Ero così felice di poter tornare nel campo che tutto mi sembrava più facile.

Poi vidi Janine. Era una ragazza francese, erano mesi che lavoravamo una accanto all'altra nella fabbrica di munizioni. Janine era addetta alla macchina che tagliava l'acciaio. Qualche giorno prima quella maledetta macchina le aveva tranciato le prime falangi di due dita. Lei andò davanti agli aguzzini, nuda, cercando di nascondere la sua mutilazione. Ma quelli le videro subito le dita ferite e presero il suo numero tatuato sul corpo nudo. Voleva dire che la mandavano a morire. Janine non sarebbe tornata nel campo. Janine non era un'estranea per me, la vedevo tutti i giorni, avevamo scambiato qualche frase, ci sorridevamo per salutarci. Eppure non le dissi niente. Non mi voltai quando la portarono via. Non le dissi addio. Avevo paura di uscire dall'invisibilità nella quale mi nascondevo, feci finta di niente e ricominciai a mettere una gamba dietro l'altra e camminare, pur di vivere.

Racconto sempre la storia di Janine. È un rimorso che mi porto dentro. Il rimorso di non aver avuto il coraggio di dirle addio. Di farle sentire, in quel momento in cui Janine stava andando a morire, che la sua vita era importante per me. Che noi non eravamo come gli aguzzini ma ci sentivamo, ancora e nonostante tutto, capaci di amare. Invece non lo feci. Il rimorso non mi diede pace per tanto, tanto tempo. Sapevo che nel momento in cui non avevo avuto il coraggio di dire addio a Janine, avevano vinto loro, i nostri aguzzini, perché ci avevano privati della nostra umanità e della pietà verso un altro essere umano. Era questa la loro vittoria, era questo il loro obiettivo: annientare la nostra umanità. Ricorderò sempre Janine, resterà nel mio cuore per sempre.

La ragazza cecoslovacca

Quando arrivai ad Auschwitz avevo una massa di capelli neri, ricci e ribelli. Come prima cosa al lager ti facevano andare nella baracca dove veniva fatta la rasatura delle donne: via tutti i peli dalle ascelle, dal pube e via tutti i capelli. Dovevi metterti a testa in giù e altre prigioniere addette al compito levavano tutto con la macchinetta. Io ero già pronta, disperata, in attesa che mi portassero via i capelli.

La disperazione non era solo per i capelli. Ti rendevi subito conto che volevano strappare via ogni traccia di te, della tua normale esistenza di essere umano. Via i vestiti, poi ti tatuavano un numero sulla pelle, poi via i peli e tutti i capelli. Avevo già visto le altre donne, vecchie e ragazze, pelate, mi sembravano orribili. Una delle sorveglianti controllava che il lavoro fosse eseguito. Ci scrutava una a una. Arrivò anche il mio turno, la sorvegliante a un certo punto disse alla prigioniera che tagliava i capelli: «No, a lei no», solo questo, e quella obbedì e mi saltò. Così, del gruppo di donne che avevano superato la registrazione, tatuata e con il vestito a righe da *Häftling*, rimasi l'unica con i capelli. Tutte le altre prigioniere mi guardavano incuriosite e io dicevo quasi imbarazzata: «Non lo so perché non me li abbiano tagliati». E in effetti non c'era una spiegazione.

Mi sentivo fortunata. Non per i capelli in sé, ma perché c'era un freddo tremendo nel campo e con la testa rasata, sia pure con il fazzoletto di cotone che davano, si era più esposti al gelo. I capelli mi avrebbero riparata.

Dopo un paio di settimane, però, cominciai a grattarmi. Uno dei primi giorni che ero in fabbrica, sentii distintamente qualcosa che mi camminava sul viso. Lo presi in mano, era un pidocchio. Nel lager avevo imparato presto a riconoscerli. L'operaia seduta vicino a me, una ragazza polacca, chiamò la kapò, e le disse solo: «*Zuzuzuruzuzu*», facendole capire che avevo un pidocchio. La kapò mi fece immediatamente rientrare nella baracca e il giorno dopo chiamò il mio numero e mi ordinò di andare alla stanza cosiddetta "della sauna". Lì mi tolsero tutti i vestiti, mi raparono a zero e disinfettarono i vestiti. Poi mi lasciarono sola in quella stanza, nuda.

Faceva freddo, ero abituata al freddo della notte ma ero completamente nuda. Restai attorcigliata su me stessa vicino a una piccolissima stufetta, troppo piccola per scaldarmi. Intanto, da una finestra rotta continuava a entrare il gelo. In più passavano i soldati nazisti, guardavano dentro la stanza dalla finestra rotta e ridevano vedendomi nuda, a gelare, aggrappata alla stufa. A un certo punto, dopo tante ore che ero lì dentro, entrò una ragazza, che, come me, era nuda e pelata. Si gettò subito sulla stufa. Era cecoslovacca, anche lei era molto giovane. Fuori nevicava.

Ci guardavamo. Non avevamo modo di parlare. Eppure avremmo voluto. Essere lì, nude, in quella stanza orribile e spoglia, in preda ai brividi di freddo, senza sapere se ci avrebbero riportato i vestiti o ci avrebbero dimenticate lì dentro... A un tratto ci fece sentire vicine, come sorelle. Come due derelitte che, nonostante tutto, sono piene di voglia di vivere, o meglio di sopravvivere.

Eravamo sole, nessuno ci controllava come accadeva di solito, avremmo potuto parlare e sentirci quasi come due ragazze normali. Raccontarci la vita fuori dal lager e i sogni che facevamo a occhi aperti quando la speranza per un attimo ci accarezzava dicendoci che saremmo sopravvissute. Potevamo dirci tutto questo e sorridere della nostra età giovane passata su una stufa a morire di freddo. Ma in realtà non potevamo dire niente. Perché non ci saremmo capite. Provavamo a parlarci, ma era inutile, era come parlare da sole. Alla fine però trovammo il modo: usammo il latino! Tutte e due lo avevamo studiato a scuola e ci servimmo delle poche parole che ricordavamo per comprenderci. Furono solo alcune frasi stupide, ma ci fecero sorridere. In quel momento ci bastò. Eravamo felici di aver potuto comunicare, come esseri umani: ci sentimmo così, anche solo per pochi momenti. Nel lager nessuno di noi era autorizzato a sentirsi più un essere umano. Quel giorno, per la prima volta, disobbedii agli ordini.

Quando mi restituirono i miei stracci, ancora umidi, uscii al gelo scortata da una sorvegliante per rientrare nella baracca. La ragazza cecoslovacca era rimasta dentro, attaccata alla stufa, in attesa dei suoi vestiti. Fu un momento importantissimo. La prima e unica volta che condivisi un sentimento di vicinanza profondo con qualcuno, dentro Auschwitz.

La marcia della morte

Verso la metà di gennaio del 1945 i nazisti fecero saltare in aria il lager. I russi si avvicinavano e loro dovevano fuggire. Distruggendo il campo di Auschwitz volevano cancellare le prove di quello che era successo lì dentro. Il mondo non doveva sapere. Ma Auschwitz venne distrutto solo in parte, non trovarono il tempo di completare l'opera.

I prigionieri e le prigioniere ancora in grado di reggersi in piedi vennero fatti evacuare in fretta. Cominciò la lunga marcia della morte. In tanti non ce la fecero e morirono durante quella fuga perché, se cadevi e non ti rialzavi, ti uccidevano sparandoti in testa.

La marcia durò giorni, e poi settimane. Spesso marciavamo la notte perché i nazisti non volevano far vedere ai civili tedeschi i nostri corpi scheletrici. Io non guardavo i morti disseminati per la strada, ero come un automa, camminavo a testa bassa. Mi ripetevo che dovevo vivere, che dovevo farcela, non sentivo e non vedevo, come nel lager.

Eravamo affamate. Ci buttavamo sugli immondezzai e mangiavamo tutto quello che trovavamo: ossa, bucce, avanzi. Eravamo dei fantasmi, degli animali, ma non ci arrendevamo. Dopo quella che mi sembrò un'eternità arrivammo al lager di Ravensbrück, ma restammo poco. Di nuovo in strada, in marcia, verso altri campi. I russi erano sempre più vicini ormai e i tedeschi fuggivano sempre più a nord, portandosi dietro il loro carico di fantasmi.

Fino a quando, a fine marzo, con la primavera che cominciava a esplodere, giungemmo al campo di Malchow, in Germania. Rimanemmo lì fino all'aprile del 1945. Io ero ridotta davvero male. Avevo un ascesso sotto l'ascella che mi portavo dietro da due mesi e peggiorava ogni giorno. Mi faceva sempre più male. Ne avevo avuti altri, ma a Birkenau non ero mai voluta andare al *Revier*. Però stavolta l'ascesso era diventato enorme. Allora andai in infermeria. Una SS che forse era anche infermiera mi insultò perché non ero andata a toglierlo prima e poi prese delle forbici e lo incise senza tanti complimenti facendo uscire il pus. Me lo fasciò con della carta igienica che subito si appiccicò alla ferita. La ferita restò così perché non ebbi il coraggio di tornare dalla SS per farmi cambiare la fasciatura. Mi sentivo la febbre per l'infezione, ma dovevo resistere, resistere, resistere. Quella sera, quando tornai con la fasciatura, una prigioniera mi regalò un pezzo di carota che le avevano appena dato. Quanto doveva esserle costato! Il cibo era il bene più prezioso perché non ce ne davano. Eppure lei ebbe pietà di me, forse si sentì come una madre. Quanto fui felice di quel pezzetto di carota! Mi sentivo di nuovo un essere umano, accanto ad altri esseri umani.

In quei giorni a Malchow, per fortuna, non dovevamo lavorare. Quando vedevo un filo di sole primaverile uscivo sul retro della baracca insieme ad altre due o tre prigioniere. Le altre restavano dentro perché non avevano la forza di reggersi in piedi. Dietro il filo spinato guardavamo i campi che erano meravigliosi. Fuori dal lager la natura stava tornando a essere rigogliosa, sugli alberi spuntavano le foglie e i fili d'erba crescevano dal fango. Sognavamo di poter correre di nuovo su quei prati e di arrampicarci sugli alberi.

Fuori dal campo, sempre alla stessa ora, passavano dei prigionieri francesi che lavoravano nelle fattorie dei civili tedeschi.

Quando ci vedevano ci dicevano di resistere: «Forza, forza! Non morite ora. La guerra sta per finire, i russi e gli americani sono vicini. Resistete, manca poco ormai, i nazisti hanno perso la guerra!».

Sentivamo i loro incoraggiamenti e subito dopo andavamo nelle baracche e lo gridavamo alle nostre compagne che non riuscivano più a stare in piedi.

«I prigionieri francesi ci hanno detto che la guerra sta

per finire e che i nazisti stanno perdendo dappertutto. Dobbiamo farcela, manca poco ormai e ci libereranno!»

Ma tante di loro non ce la facevano più a sorridere, a parlare, a sperare. Molte di quelle ragazze non sono più riuscite ad alzarsi da quei luridi giacigli.

I nostri aguzzini diventarono sempre più nervosi in quei giorni. Segno che i prigionieri francesi avevano ragione. I russi e gli americani stavano arrivando.

Un giorno i soldati nazisti ci dissero di prepararci perché si ricominciava a marciare. Saremmo andate via anche da quel campo. I soldati cominciarono a caricare sui camion documenti, macchine da scrivere, le loro pratiche burocratiche dove registravano i delitti che commettevano. Non volevano lasciare tracce compromettenti. Come ad Auschwitz, e negli altri campi, dove avevano sempre cercato di distruggere le prove del loro orrore.

Ma qualcosa andò diversamente a Malchow. Americani e russi erano più vicini di quello che gli aguzzini si aspettavano. A un certo punto vedemmo aprirsi i cancelli del campo. Pensavamo di dover ripartire per un'altra marcia della morte. Invece, a un tratto, vedemmo le guardie spogliarsi della divisa e mescolarsi a noi. Anche i civili tedeschi fuggivano dalle loro case e si portavano via quello che potevano. Correvano per andare nella parte controllata dagli americani. Preferivano essere fatti prigionieri dagli americani che dai russi.

I soldati si spogliavano, restavano in mutande di fronte a noi, scheletri orribili, che li guardavamo incredule! Cercavano abiti civili e indossavano qualsiasi cosa per confondersi con noi. Noi, schiave, vedevamo i soldati che prima ci impartivano ordini di morte, morire di paura! Era incredibile, impensabile per noi.

In quei momenti concitati, accadde una cosa che ricorderò sempre. Il comandante del lager di Malchow, un assassino privo di umanità, gettò anche lui la pistola e indossò abiti civili. La pistola cadde sui miei piedi. L'istinto fu di prenderla e sparare, per vendetta, per giustizia. Ma fu un attimo, mi vergognai di quel pensiero, io non ero come loro, non volevo diventare come i miei carnefici.

Quello fu un momento fondamentale della mia vita. La forza che trovai nell'istante in cui rifiutai di vendicarmi diventando un'assassina a mia volta equivale a una grande vittoria per me. Scelsi la vita, la loro cultura di morte non mi apparteneva e la lasciavo nel lager.

1° maggio 1945, la libertà

Era il 1° maggio 1945. Libere! Non potevamo crederci. Eravamo esauste, ma di una felicità che, ancora oggi, non saprei descrivere per quanto era grande.

Arrivarono le prime jeep americane nel campo. Dalle loro macchine pioveva cioccolata, sigarette e frutta secca. Io raccolsi un'albicocca, non mi sembrava vero assaporare un cibo normale, essere trattata di nuovo come una persona. Gli americani, nella mia esperienza, furono straordinari, gentili, attenti. Curarono il mio ascesso con la penicillina. Mi fecero anche delle foto per documentare la realtà orribile che avevamo vissuto, io ero la prigioniera più giovane e fra le più magre, per questo chiesero a me di essere fotografata.

Dopo i primi giorni di euforia, tutti volevamo solo tornare a casa. Dalle famiglie. Io non sapevo cosa e chi mi aspettava, ma non vedevo l'ora di essere a casa.

Però non era facile. Eravamo una massa spropositata di

persone, di tante nazioni diverse. Bisognava organizzare i treni, i percorsi, le tratte diverse.

Anche in questo caso, gli americani furono eccezionali. Divisero tutti i prigionieri secondo la nazionalità e alla fine di agosto eravamo pronti per tornare a casa.

In tre ore i soldati americani erano capaci di montare ospedali da campo e cucine per centinaia di persone. Avevano sempre un sorriso per noi, ci proteggevano e ci ascoltavano. Dopo tanto tempo respiravamo di nuovo umanità.

Anche per loro comunque non fu facile. Avevano troppi prigionieri da gestire e non sapevano più dove metterli. Non si aspettavano tante persone. Ma trovarono presto la soluzione: requisirono le case ai civili tedeschi di alcuni paesi, nel Nord della Germania. Sfollarono gli abitanti e noi prigionieri fummo divisi per nazionalità. A ogni gruppo di venti-trenta persone destinavano una delle case requisite. Io capitai con un gruppo di soldati italiani, una ventina di giovani bravissimi che si presero cura di noi ragazze, trattandoci come sorelle. Eravamo in un piccolo paesino, Obermarschacht, nella Landa di Lüneburg. Era un luogo meraviglioso, rigoglioso di alberi e verde. Gli orti straripavano di prodotti della terra, coltivati dai contadini tedeschi prima di essere sfollati o in fuga.

La maggior parte dei soldati italiani era analfabeta e non sapeva scrivere. Però sognavano di comunicare con i loro familiari, così io proposi di scrivere per loro delle lettere. Erano entusiasti e mi misi subito al lavoro. Loro raccontavano e io scrivevo. Era bello sentire le loro storie. Qualcuno chiedeva alla fidanzata di non tradirlo, spiegandole che lui sarebbe tornato presto, qualcun altro si rivolgeva ai figli e alla moglie dicendo loro che non era morto, di aspettarlo che aveva tante cose da raccontare. Io invece non volevo raccontare. Non sapevo chi avrei trovato a casa, e non sapevo neppure più se c'era ancora, la mia casa. No, non avevo nessuna voglia di raccontare e neppure di ricordare cosa era stata la mia vita in quell'ultimo anno.

Dentro quella casa ripresi a mangiare. Piano piano mi rimisi in forze e, anzi, da quel fantasma che ero, dopo un mese cominciai a ingrassare. Nella casa con me c'era una ragazza che si chiamava Graziella Cohen, era di Roma e aveva qualche anno più di me. Eravamo diventate amiche, tornammo in Italia insieme.

Quei mesi di libertà, in attesa di tornare alle nostre case, furono raccontati da Primo Levi nel libro *La tregua*. Non avrebbero potuto essere descritti meglio. Quei mesi di tregua furono importanti. Sarebbe stato impossibile uscire dal cancello del lager e riprendere la nostra vita, come se niente fosse. Impossibile passare da quella folle realtà alla normalità. Ci doveva essere qualcosa in mezzo, la tregua, appunto. Un periodo lontano dalla realtà del campo ma lontano anche dalla vita vera. Per me fu una specie di convalescenza dove entrai di nuovo in contatto con la realtà, con gli altri esseri umani e con me stessa.

Trascorse poche settimane nel paese tedesco, tutti non

vedevano l'ora di tornare a casa. Finalmente, un giorno, gli americani ci annunciarono che c'era un convoglio militare che ci avrebbe accompagnati a Bolzano. Dal treno vedevamo scomparire la Germania, l'Austria e poi, finalmente, arrivammo al confine: eravamo in Italia!

A Bolzano la Croce Rossa prendeva i nomi di tutti quelli che tornavano. Eravamo in tanti. Da Bolzano ci spostammo a Pescantina. Infine, ci fecero scendere e ci caricarono su dei camion diretti a Milano.

La mia città. Mi aveva cacciata, mi aveva incarcerata e buttata in pasto ai cannibali, ma lì c'erano tutti i miei ricordi, la mia famiglia. Almeno, così speravo.

La speranza di ritrovare papà non l'avevo abbandonata, anche se sapevo che era difficile che lui fosse sopravvissuto, soprattutto perché la sua pena più grande ero io, sapermi lì dentro doveva essere stato insopportabile per lui.

Ma la speranza restava con me.

Con Graziella arrivammo infine alla stazione di Cadorna, nel centro di Milano. Ma non era più come la ricordavo io.

A casa. Ma tutto è cambiato

La stazione di Cadorna era stata bombardata e c'era un grande buco proprio nel mezzo. Però, intorno, brulicava un'umanità vivace, con i visi accesi di speranza. Si muovevano tutti in modo frenetico. C'era gente che sfrecciava da ogni parte, avevano fame di allegria e voglia di ricominciare.

La guerra era finita, si sentiva nell'aria, si vedeva sui volti delle persone che era tornata la pace. Era il 31 agosto 1945.

Ero emozionata. Ritrovarmi a pochi passi da casa mia, dal parco dove andavo a giocare da bambina, mi sembrava impossibile. Non ero più tanto magra perché dalla liberazione in poi non avevo più smesso di mangiare!

Io e Graziella eravamo vestite miseramente. Io indossavo un paio di pantaloni e una camicia da uomo che avevo trovato nella casa requisita in Germania. Eravamo sporche perché il viaggio era stato lungo. Un signore si fermò a guardarci con pietà e poi ci diede una moneta da due lire. Avevo anche un bagaglio: una coperta arrotolata che mi avevano regalato i soldati italiani e due cose del lager che posseggo ancora e che lascerò a un museo della Shoah. Una è la giacca che indossavo nel campo e l'altro è il fazzoletto che avevo in testa.

Il fazzoletto lo conservo ancora oggi in un cassetto. Ogni tanto vado lì e lo prendo. Mi è servito in certi momenti della mia vita. È come un feticcio, una cosa solo mia. Qualcosa che nei momenti difficili mi ha "detto": "Liliana, hai passato tutto questo, puoi affrontare qualsiasi cosa".

Arrivai nella casa di corso Magenta, insieme a Graziella, vidi il custode, Antonio, in portineria. Ci disse di andare via, pensava che fossimo mendicanti in cerca di elemosina. Io gli dissi: «Antonio, sono Liliana Segre, ti ricordi di me?».

Urlò come se si trovasse di fronte a un fantasma. Poi chiamò subito i miei zii e i nonni materni che gli avevano dato il loro numero di telefono nel caso fossi tornata a casa.

Erano due anni che non mi vedevano.

Ma sapevano che ero viva. Perché quando eravamo in Germania, sotto la protezione americana, la Croce Rossa aveva distribuito delle cartoline prestampate e affrancate. C'era una frase scritta in tre lingue diverse che significava "Ci rivedremo presto". Non c'era l'italiano e allora avevo sbarrato quella scritta in francese. L'avevo firmata. Era un segno per dire alle famiglie che eravamo vivi. Dovevamo scrivere un indirizzo e poi le cartoline sarebbero state inviate dalla Croce Rossa. Io non sapevo a chi inviarla perché immaginavo che nella casa di corso Magenta non ci fosse più nessuno. Non sapevo dove fossero gli zii e i nonni materni, poi mi era venuto in mente che potevo farla recapitare al signor Corti, la persona che ci aveva affittato la casa di Inverigo, dove eravamo andati dopo essere stati sfollati da Milano. Erano brave persone. Infatti, avevano avvertito i miei nonni e questi avevano chiesto ad Antonio, il custode, di chiamarli subito se mi fossi fatta viva. Immaginavano che sarei andata alla casa di corso Magenta, dove altro potevo andare?

Il nostro appartamento era stato affittato ad altri inquilini. Non entrai mai più nella mia casa.

Quando arrivarono, i nonni materni e gli zii, mi fecero tante feste, erano felici di riabbracciarmi. Gli zii si erano salvati perché erano fuggiti per tempo in montagna, anche i nonni materni si erano rifugiati in un convento a Milano.

Ma fra di noi pesavano gli assenti. Non c'erano il nonno Pippo e la nonna Olga. Non c'era papà. Nei mesi successivi, incontrai una signora che aveva conosciuto i nonni all'arrivo ad Auschwitz. Nonno Pippo non stava più in piedi su quel binario morto del lager. La donna mi disse che la nonna Olga gli era rimasta accanto sempre, instancabile fino all'ultimo, piccola grande coraggiosa donna.

I nazisti li mandarono subito nelle camere a gas. Per lungo tempo cercai di avere notizie di papà. Insieme agli zii e ai nonni feci tante ricerche, ma non portarono a nulla. Io, dentro di me, conoscevo la verità. Sapevo che papà non poteva essere tornato da quell'inferno.

La mia vita dopo Auschwitz

Era difficile far capire al mondo e ai miei parenti la sofferenza, l'inenarrabile di Auschwitz. Tutti pensavano che, non essendoci ferite visibili e gravi sul corpo, Auschwitz potesse essere dimenticato. «Ricomincia a vivere, Liliana» mi dicevano tutti.

Non potevano sapere. Non avevano idea di cosa significasse essere annullati da un tuo simile fino a farti credere di essere un pezzo di ricambio, un oggetto ignobile che era sopravvissuto solo per aver funzionato fino alla fine.

Non sapevano ancora quanti esseri umani avevamo lasciato indietro, quanti uomini e donne e ragazzine come me avevo visto mandare a morire, solo perché ebree. Non avevano visto Janine, nuda, nascondere le mani ferite davanti ai soldati che sghignazzavano della sua disperazione.

Non avevano sentito le grida giorno e notte di chi subiva le punizioni solo per essere nato.

Non avevano sentito l'odore acre della sera e il fumo provenire dai forni delle SS.

Non sapevano. E non volevano sapere. Perché la guerra era finita e tutto andava dimenticato. Quante volte mi sentii dire: «Pensa al futuro adesso!». Loro volevano dimenticare i dolori, gli affanni e i sacrifici.

Ma quello che proprio non sarei mai riuscita a fare era dimenticare papà e i nonni. I volti loro e di tutti gli altri tornavano nella notte e non mi davano pace. Tornava l'aguzzino con il ghigno maligno che godeva a fare male a un fratello.

Come facevo a dimenticare se avevo sul corpo quei numeri eterni a ricordarmi che c'era stato qualcuno che mi aveva marchiata a fuoco con dei numeri perché non pensava che io fossi un essere umano ma uno scarto?

Di questo però non parlavo con nessuno. In fondo, nessuno voleva ascoltare per davvero. La guerra era finita, bisognava andare avanti. Ma io no, io restavo ad Auschwitz. Non riuscivo a venire via dal mio inferno. E tantomeno a parlarne.

Appena tornata, andai a vivere con i miei zii, zio Amedeo e zia Enrica, sua moglie. Restai con loro un anno e mezzo. Non potevo stare con i nonni perché loro non avevano ancora una casa e vivevano in albergo.

Nei mesi della "tregua", io avevo sognato tante volte il ritorno. Ma la realtà non era come l'avevo immaginata.

Non mi mancava niente, avevo tutto ed ero trattata bene, non era questo. Era che la mia vita passata non esisteva più. Avevo perso papà e i nonni. Non avevo la casa dove avevo vissuto con loro. Non c'era niente di me in quella nuova vita. In casa degli zii mi sentivo un'ospite, mi sentivo di troppo.

Graziella, dopo il viaggio, si era fermata da noi qualche giorno, poi era ripartita per tornare a Roma, dove aveva i parenti. All'inizio ci sentivamo al telefono o per lettera, ma lei in seguito si trasferì in Sudafrica e ci perdemmo di vista.

Era iniziata per me una nuova vita, e io ero profondamente infelice.

Tornarono i ricordi. Tutte le cose che avevo messo da parte nel lager perché mi facevano troppo male, chiedevano il conto. Sentivo il dolore spaventoso della mancanza di papà, ricordavo ogni minuto della mia vita passata con lui, non averlo accanto era insopportabile per me. Sentivo la mancanza dei nonni e di quello che ero con loro: una bambina amata, affettuosa, felice di esistere e di vivere.

Mi guardavo nella mia nuova vita e vedevo una ragazza grassa, informe, che non riusciva ad adattarsi agli altri, e gli altri non riuscivano ad adattarsi a lei.

Gli zii non erano cattivi. Facevano del loro meglio. Pensavano di dovermi reinserire nella società. Stavano continuamente a riprendermi su come stavo seduta, mangiavo, dormivo, su cosa dicevo e come lo dicevo: «Stai composta, saluta come si deve quando incontri qualcuno, non dire parolacce, taglia la mela con la forchetta e con il coltello».

Ma io pensavo che solo avere una mela era un dono straordinario, cosa mi importava di tagliarla con la forchetta e il coltello?

Sì, ero cambiata. Facevo fatica a dormire in un letto, non ero più abituata. Il materasso mi dava fastidio. Ero un animale ferito. Mordevo e graffiavo, lo facevo con le parole, con i silenzi e i modi bruschi. Io volevo essere amata così come ero. Ma non ci riuscivano.

Avrei dovuto dimenticare e ricominciare, voltare pagina e diventare civile. Sembrava facile, ma per me in quel momento era impossibile.

In quel periodo, mio zio faticava con il lavoro, aveva molte difficoltà economiche alle quali non era abituato. Per questo era molto nervoso. La ditta di famiglia era stata confiscata, la doveva riscattare e rimettere in moto, ma occorreva tempo. Insomma, lui aveva i suoi problemi. Mia zia ne aveva altri. Non aveva figli e soffriva per questo. Cercava disperatamente di avere un figlio, e io le ero capitata in un momento sbagliato della sua vita.

Nessuno voleva sapere

Non parlavo mai del campo con gli zii. Mi chiedevano pochissimo. E poi io continuavo ad avere con mio zio quell'atteggiamento di protezione che avevo avuto con mio padre. Mi ero abituata a essere io quella che aiutava, a capire cosa lo faceva soffrire. Mio zio aveva perso i genitori e l'unico fratello. Aveva un grande rimorso dentro di sé perché lui era scappato prima di tutti e aveva lasciato che mio padre si occupasse da solo dei miei nonni. Tutte le notti, fino alla sua morte, zio Amedeo ebbe un incubo: vedeva il padre sul treno per Auschwitz e voleva tirarlo giù dal vagone, ma non ci riusciva. Era terribile per lui, il rimorso non lo faceva vivere serenamente. Anche per questo io evitavo di parlare di papà, di raccontare del lager. Per non farlo sentire in colpa.

I primi giorni raccontai qualcosa, la fame e la sete, il freddo. Ma gli altri facevano fatica a capire quanto avessi sofferto.

Il numero tatuato sul braccio accendeva, invece, sempre la curiosità di tutti. Era una novità a quel tempo. Gli zii quando lo videro mi dissero: «Adesso ti compriamo un grande braccialetto che ti nasconderà il numero».

Ma io dissi di no. Loro rimasero stupiti, ma io non trovavo giusto nasconderlo, non dovevo vergognarmi io del numero tatuato, ma chi lo aveva fatto. Allo stesso tempo non volevo spiegare agli estranei come mai lo avessi.

Invece, spesso capitava che lo zio dicesse a un amico: «Liliana, fai vedere il numero».

Ogni volta era una pugnalata, avrei voluto rispondergli: "No, non lo faccio vedere. Cos'è, sono un animale dello zoo?". Poi lo accontentavo, anche se mi faceva star male.

E a chi mi chiedeva: «Cos'è questo numero?», rispondevo: «È il mio numero di telefono».

Appena i nonni ebbero la possibilità di condividere una casa con la sorella di mia nonna, la fantastica zia Augusta, lasciarono l'albergo. Nonna Bianca mi propose di andare ad abitare con loro. E io accettai.

Dai nonni ero più tranquilla che dagli zii, anche se mi sentivo comunque molto isolata. Ero scontrosa, sempre di cattivo umore, improvvisamente mi alzavo e me ne andavo da un posto, mi sentivo fuori luogo, le feste dei coetanei non mi interessavano. Spesso mi chiudevo in camera mia e non volevo uscire né parlare.

Ero faticosa!

E i miei parenti, di fronte al mio comportamento, continuamente si dicevano l'un l'altro: «Abbi pazienza, sai che Liliana è così». Questo mi faceva sentire sempre più sola e diversa.

E poi mi volevano far dimagrire a tutti i costi. In effetti ero grassa, ma io per mesi e mesi dopo il lager continuai ad avere una fame atavica, insaziabile. Mangiavo come una persona bulimica. Ricordo che un giorno al ristorante, finito un piatto di pasta, ne volevo un altro, ma nonno mi disse di no. Io dissi che lo volevo, e basta. E ne mangiai un altro. Questo mio atteggiamento a volte dalla mia famiglia veniva preso come una sfida, ma io non volevo sfidare nessuno. Avevo solo fame e la mia testa si rifiutava di soffrire di nuovo la fame. Mi ricordavo ancora come uno scheletro, riflessa nelle mie compagne del campo. Dentro i miei occhi avevo ancora quell'immagine di me.

La mia disperazione del ritorno era tale che pensavo alla morte come a una liberazione. Proprio io, che ero vissuta fra mille pericoli, sempre con il desiderio grande, grandissimo, di vivere, di resistere, di non arrendermi. Vivere, vivere, vivere... e quando, invece, ero tornata il mondo che avevo trovato non mi piaceva per niente. Non era quello che avevo sognato, non vedevo il futuro, e sì, desideravo davvero morire. Il passato del lager mi condizionava nel presente. Non riuscivo a uscire davvero dal campo, era come se una parte di me fosse rimasta lì dentro. Il mondo nuovo nel quale mi ritrovai mi era estraneo.

Sentirsi diversa

Ero tornata a scuola dalle suore, ma nemmeno con le mie compagne le cose andavano meglio. Fra noi c'era un vuoto enorme perché io ero "vecchia" in confronto a loro. Avevano la mia età, ma niente ci univa. Loro cominciavano a truccarsi, andavano alle feste, uscivano con i ragazzi, parlavano di vestiti e di attori. Io no. Restavo un'estranea.

In più, stando via, avevo perso degli anni di scuola e dovevo mettermi in pari.

Io volevo fare la giornalista, di quelle che viaggiavano e raccontavano i fatti epocali. Il mio modello era Tullia Zevi, che era mia cugina, donna autonoma e forte. Ero determinata a studiare per rendermi indipendente dalla mia famiglia. In quel periodo, avevo da poco ritrovato Susanna, la nostra straordinaria Susanna, e sognavo di andare a vivere con lei dopo il liceo. Susanna me lo aveva proposto: «Andiamo ad abitare insieme, Liliana. Staremo bene». Sentivo che con lei potevo essere me stessa, anche brutta, anche grassa e goffa, Susanna mi avrebbe amata così com'ero. Ma io non potevo scegliere con chi stare, ero ancora minorenne.

Per un anno studiai con caparbietà e alla fine recuperai gli anni perduti e passai gli esami statali del ginnasio. Ero pronta per il liceo classico.

L'incontro più bello

Piano piano le cose miglioravano. Ma ero ancora lontana dal sentirmi una ragazza "normale".

Nell'estate del 1948, quando dovevo ancora compiere diciott'anni, i miei nonni mi portarono al mare a Pesaro. Io sarei voluta andare in Liguria perché avevo conosciuto delle ragazze che andavano lì; a Pesaro sapevo che sarei stata sola.

Il primo giorno che andai in spiaggia notai un uomo. Era più grande di me, passeggiava sulla riva, solo.

In quel momento provai una sensazione completamente nuova per me.

Lui mi notò e cominciò a parlarmi, a me batteva forte il cuore. Ma mai avrei pensato che lui ricambiasse quelle emozioni. Invece, la sera i miei nonni mi portarono a ballare e lo incontrai di nuovo.

Alfredo mi invitò a ballare e non mi lasciò più per tutta la sera. A me piaceva da matti e pensare che lui potesse essere interessato a me mi faceva girare la testa. Ma sembrava proprio così!

Ero terrorizzata all'idea di prendermi una cotta perché non mi ero mai innamorata di nessuno. E poi lui era grande, laureato, lavorava come avvocato a Bologna, insomma non era un ragazzo come quelli che avevo conosciuto fino ad allora.

Il giorno dopo ci vedemmo di nuovo in spiaggia. E parlammo tantissimo. Lui sapeva ascoltare. Capì subito che ero stata in un campo di sterminio nazista, riconobbe il numero tatuato sul braccio.

Anche lui era stato fatto prigioniero dai tedeschi perché non aveva aderito alla Repubblica fascista. Dopo l'armistizio firmato dall'Italia, l'8 settembre 1943, Alfredo, che era militare, non volle aderire alla Repubblica di Salò e per questo fu mandato nei campi IMI, Internati Militari Italiani.

Mi indicò il braccio e mi disse: «Io lo so cos'è questo, perché in Germania ho assistito agli smistamenti degli ebrei nelle stazioni e nei campi di lavoro».

Alfredo aveva ventiquattro anni quando fu fatto prigioniero dai tedeschi. Aveva patito la fame e il freddo. Ma aveva sempre continuato a rifiutare di aderire alla Repubblica fascista.

Per me questo fu importante perché se Alfredo fosse stato un fascista io non mi sarei mai potuta innamorare di lui. Non avremmo avuto niente da dirci.

Nel giro di tre giorni eravamo fidanzati. Io presi una tale cotta che... smisi di mangiare. Sì, mi passò completamente l'appetito, incredibile.

Il giorno in cui i miei nonni ci videro sulla spiaggia, capirono subito che eravamo innamorati. Mi riportarono immediatamente a Milano. Erano preoccupati. «Tu sei pazza, Liliana» dicevano. «Non hai ancora diciotto anni, quest'uomo ha dieci anni più di te. E ogni estate ha una fidanzata nuova. Con quello che hai sofferto, ti manca solo questo... gli amori da spiaggia!»

Una settimana dopo Alfredo era a Milano. Io iniziai a dire ai nonni un mucchio di bugie per vederlo. Andavo a prenderlo la mattina presto alla stazione, saltavo la scuola e stavo tutto il giorno con lui.

E alla fine i nonni lo accettarono. Capirono che non c'era niente da fare. Ci amavamo sul serio e volevamo stare insieme.

Io intanto facevo la terza liceo. Superai la maturità con l'amore che mi aspettava fuori dalla scuola.

Alfredo mi accettò subito così com'ero: questo fu importante fra noi due. Lui mi aiutò moltissimo a voler restare in quel mondo che mi sembrava estraneo. Trovò la chiave per insegnarmi a capire che, se io avevo scelto di tornare fra la mia gente di un tempo, se avevo scelto di tornare a casa, era giusto accettare e rispettare le regole di convivenza della società.

Alfredo mi chiese di sposarlo molto presto. Senza rimpianti, abbandonai il sogno di una carriera da fotoreporter in giro per il mondo, e lo sposai. Avevo vent'anni. Lui si trasferì a Milano e aprì un piccolo studio di avvocati. All'inizio lavorava da solo, ma piano piano il lavoro aumentò.

Furono anni straordinari. Il tempo della ricostruzione, della speranza. C'era entusiasmo e lo avvertivi come una corrente che passava negli sguardi e sulla pelle.

Un boom non solo economico, ma delle menti brillanti che tornavano a sognare un futuro diverso, senza guerre e dittature. Era anche il mio ritorno alla vita.

Io cominciai a pensare: "Metto da parte i miei ricordi terribili. Sono felice ora, voglio vivere appieno questo amore e questa vita senza le ombre che mi porto sempre dietro".

E quando diventai mamma, con il mio primo figlio, Alberto, che ha il nome di mio papà, solo allora, dai primi giorni di Auschwitz, piansi di nuovo.

Epilogo

In seguito, Auschwitz è tornato prepotentemente nella mia vita. Come un fantasma che vuole rubarti l'anima. Come un lupo mannaro che ti aggredisce alle spalle. Vigliaccamente. Ho sofferto ancora e ancora. Ricordavo i morti e le grida, le notti e la fame, tutto il dolore che avevo rifiutato di vedere quando ero ad Auschwitz tornava a stare con me. Mi rubava il cuore e la gioia. Non ero più capace di essere serena.

Essere dei sopravvissuti, inoltre, non ti protegge dai dolori che si incontrano nella vita.

Mio marito mi ha sempre tenuta per mano in quegli anni bui e anche adesso che non c'è più resta per me una guida, oltre che l'uomo che ho scelto di avere accanto per il sempre che ci è stato concesso.

Nella mia vita c'è sempre stato anche mio padre. E ci sarà sempre, fino a quando ci sarò io.

Dal 1990, l'anno in cui io ho cominciato a diventare testimone, è più che mai accanto a me. Di che cosa è fatta la storia della mia vita se non di quel distacco con mio padre?

Uomini a destra e donne a sinistra. E poi non lo vidi più.

Anche se vivessi altri cento anni, quel momento resterebbe indelebile, perché fa parte di me. Come papà.

Album di Famiglia

1948-1949

Liliana a diciotto anni a Rapallo

Liliana in vacanza
con il marito Alfredo

Dialogo tra Daniela e Liliana

Liliana, hai perdonato?

So che farei una gran bella figura dicendo che ho perdonato. Qualcuno mi ha detto che se perdonassi potrei mettermi il cuore in pace. Non è così. Io non ho perdonato, non perdonerò mai a livello personale e poi mi domando: "Chi sono io per perdonare?". La Shoah non è solo quello che è stato fatto a me personalmente e ai miei cari, ma ciò che i miei occhi hanno visto fare a tantissimi altri esseri umani, in un modo così demoniaco che non è immaginabile. Perdonare, per me, equivale a dimenticare. Come potrei dimenticare?

Sarebbe un insulto per papà, i nonni, tutti gli innocenti che ho visto morire… li farei morire di nuovo. In quest'ultima parte della mia vita ho parlato tanto di Shoah, ma la parola "perdono", a me, non è mai uscita.

Tu hai detto più volte che non si può raccontare tutto di Auschwitz, perché mancano le parole per descrivere l'indicibile. Con i tuoi figli sei riuscita a trovarle?
Ancora meno che con gli altri. Non ricordo giorno o occasione in cui, davanti a fatti anche importanti delle nostre vite, io abbia cercato questo argomento con loro. Eppure i miei figli hanno sempre detto che la nostra vita è stata costantemente impregnata da questo argomento.

Da adulti mi hanno rivelato che intuivano il dolore nascosto nel mio non raccontare e che questo gli faceva ancora più male.

Gli psicologi dicono che una persona sopravvissuta ai campi di sterminio nazisti, anche se non ne parla con i suoi cari, lascia dietro di sé un male di vivere che colpisce fino a tre generazioni a venire.

Nel campo cosa ti dava la forza di pensare che il bene, nonostante tutto, ci fosse ancora negli esseri umani?
Il ricordo di mio padre è importantissimo anche in questo perché ho sempre avuto dentro di me l'immagine di casa mia. Ricordo ancora bene la nostra tavola quando pranzavamo: come eravamo disposti io, mio papà e i nonni, i piatti, la tovaglia, tutto... Quella tavola, quando ero nel lager, non la volevo ricordare, però era dentro di me. Era dentro di me il significato profondo di quell'immagine: l'amore reciproco, la cura dell'altro, il saper mettere gli altri davanti a se stessi. Quegli affetti non te li può rubare

nessuno nella vita. Sono il bagaglio di amore con il quale puoi affrontare qualsiasi cosa perché dimostrano che, per quanto male tu possa vedere accanto a te, il bene esiste sempre.

Sei sopravvissuta ad Auschwitz. Ti sarai chiesta tante volte perché, come è potuto accadere che a tredici anni tu te la sia cavata da sola nel lager...

Io penso di essere sopravvissuta per caso e per la forza che ognuno ha dentro di sé; una forza arcaica che è desiderio e istinto di sopravvivenza. Erano pochi a lasciarsi andare; gli altri prigionieri li chiamavano *musulman*. Erano quelli che avevano perduto tutto, anche la speranza. Stavano con la giacca aperta con cinquanta gradi sotto zero, non mangiavano neppure la poca brodaglia che ci davano e si lasciavano morire. Ma erano una minoranza assoluta.

Hai incontrato tanti alunni e alunne nelle scuole dove dai testimonianza della Shoah. Ti sei mai chiesta cosa resta?

Me lo chiedo sempre. Infatti dico ai ragazzi: «Se uno di voi si ricorderà di me quando non ci sarò più, sarò già felice». Mi basta anche solo un ragazzo, perché a sua volta seminerà altra memoria. Io le chiamo "le candele della memoria". Perché più i giovani avranno ascoltato una testimonianza dalla viva voce di chi l'ha vissuta, più potranno contrastare le tesi di chi racconta che la Shoah non è esistita. Noi testimoni dobbiamo seminare fino all'ultimo i ricordi, sperando che le generazioni continuino a trasmettere a loro volta ciò che hanno ascoltato da noi. In questi ultimi anni ho cercato di partecipare soprattutto a corsi di formazione per insegnanti, perché se un docente riesce a far proprio l'argomento è motivato a parlarne a tutte le sue classi. Per tanti anni.

Ricordi qualche episodio di una "candela della memoria" in particolare?

Sono tanti... A distanza di quindici anni incontro persone che mi riconoscono e mi dicono: «Io l'ho ascoltata e non l'ho più dimenticata». Mi succede nei posti più impensati: una maschera della Scala, un impiegato della Posta, in un negozio, sul tram.

Il Centro di Documentazione Ebraica Contemporanea (CDEC - www.cdec.it) raccoglie tutte le lettere che mi vengono inviate, resteranno nel loro archivio digitale sulla Shoah. Ce ne sono di bellissime, a volte sono così ingenue! Una ragazzina della scuola media mi ha scritto: "Ma neppure la torta per il suo compleanno le davano quei cattivi?". Quando l'ho letta mi sono ricordata come ho saputo che era il giorno del mio quattordicesimo compleanno ad Auschwitz. Per caso. Era arrivata una nuova deportata, parlando con noi prigioniere disse di essere stata arrestata in agosto e che da allora era passato un mese. Io le chiesi subito: «Allora adesso è settembre?». Lei mi rispose: «Sì, oggi è il 10 settembre». E io: «Ah, pensa che è il mio compleanno». Compivo quattordici anni. Ero ad Auschwitz da sette mesi.

Hai aspettato quarantacinque anni prima di diventare testimone della Shoah. Cosa è scattato?
Questa è una delle domande che mi fanno sempre anche i ragazzi che incontro. È stato un percorso lungo e difficile, un percorso fatto anche di egoismo. Durante tutta la mia vita il lager mi ha accompagnata, ma silenziosamente. Se veniva fuori l'argomento in famiglia mi chiudevo. E anche intorno a me nessuno sembrava volerne parlare. Ma piano piano, dentro di me, diventava pressante questa sensazione di non aver fatto il mio dovere. Il mio silenzio cominciò a pesarmi, era un macigno oppressivo. E poi un giorno ho annunciato in famiglia che sarei uscita di casa e avrei cominciato a raccontare in pubblico quello che mi era accaduto nel campo. I miei familiari erano contrari, avevano paura che mi facesse altro male. Ma io non potevo più tornare indietro. Era il 1990. Da allora non ho più smesso. Ma adesso è venuto il tempo di fermarmi, di dedicare gli anni che mi sono rimasti ai nipoti, a Filippo in particolare che è così piccolo e straordinario. Qualche tempo fa, mi ha regalato un disegno con il mare e le onde. Sopra c'era scritto: "Nonna, tu sei il mare e io sono l'onda".

Nota storica

1921: nasce il Partito Nazionale Fascista.

1922: marcia su Roma. Il 28 ottobre alcune decine di militanti fascisti, con a capo lo stesso Mussolini, manifestano a Roma rivendicando la guida politica del Regno d'Italia. Il 30 ottobre Vittorio Emanuele III incarica Mussolini di formare un nuovo governo.

1925-26: il fascismo diventa una dittatura: vengono sciolti tutti i partiti politici e le associazioni sindacali non fasciste, viene soppressa la libertà di stampa, di riunione o di parola e ripristinata la pena di morte. È istituito un tribunale speciale con il potere di inviare al confino tutte le persone ritenute oppositori del regime.

1933: Adolf Hitler diventa Cancelliere della Germania. L'anno successivo dichiara partito unico quello nazista e istituisce una polizia segreta, la Gestapo, con il compito di reprimere qualsiasi forma di opposizione.

1935: leggi di Norimberga. Il dittatore inizia a perseguitare i cittadini di origine ebraica: il diritto di cittadinanza viene garantito solo a persone di sangue tedesco o affine. Gli ebrei perdono ogni diritto civile e politico. Le proprietà degli ebrei vengono confiscate dal governo, le loro attività commerciali boicottate, gli ebrei sono interdetti dai pubblici uffici ed esclusi dalle libere professioni. Vengono proibiti i matrimoni tra ebrei e non ebrei. Una nuova materia entra nelle scuole, la *Rassenkunde*, ovvero la "scienza delle razze", che avrà essenzialmente due obiettivi: inculcare l'orgoglio di appartenere alla razza ariana e seminare l'odio contro gli ebrei che vengono descritti come esseri pericolosi, infetti, corrotti e portatori del male.

1938: anche l'Italia adotta le leggi razziali che escludono gli ebrei dalla vita civile, economica e politica del paese. Tra i vari provvedimenti i cittadini ebrei non possono votare, non hanno diritto a frequentare la scuola pubblica, sono allontanati dagli uffici pubblici, mestieri come il notaio, il giornalista, il commercialista e il medico sono interdetti. Non possono possedere radio, andare in villeggiatura, avere personale di servizio ariano e pubblicare libri.

1939: i tedeschi invadono la Polonia e di conseguenza la Francia e la Gran Bretagna dichiarano guerra alla Germania. Scoppia la Seconda Guerra Mondiale. L'Italia si allea con la Germania nazista, con quello che viene chiamato Patto d'Acciaio.

1940: la Germania invade i territori di Danimarca, Norvegia, Francia, Olanda, Belgio e Lussemburgo. A Varsavia i nazisti istituiscono il ghetto, vi abitavano oltre 450.000 ebrei, quasi tutti perderanno la vita.

In Polonia comincia a funzionare il campo di concentramento di Auschwitz.

1941: gli Stati Uniti si alleano con la Francia e la Gran Bretagna.

1942: a gennaio, in una villa nelle vicinanze di Berlino, Hitler e i suoi più fidati ufficiali prendono la decisione di annientare tutti gli ebrei. È la cosiddetta "soluzione finale". Lo sterminio.

1943: i nazisti allestiscono i campi di sterminio di massa, con camere a gas e forni crematori, come Auschwitz-Birkenau, Monowitz, Sobibór, Treblinka e tanti altri.

Cominciano le prime sconfitte dell'esercito tedesco e dei suoi alleati italiani, che vengono respinti a Stalingrado e in Africa.

L'Italia firma l'armistizio con gli Alleati e Mussolini viene arrestato, ma in seguito è liberato da un commando nazista.

Nasce la Repubblica Sociale Italiana (la cosiddetta Repubblica di Salò). I tedeschi occupano Roma e il Nord del paese, mentre gli Alleati sbarcano in Sicilia. L'Italia è divisa in due. I soldati italiani devono scegliere se aderire alla Repubblica di Salò o contrastare con i partigiani l'occupazione nazista insieme agli Alleati.

I rastrellamenti degli ebrei sul territorio italiano si intensificano. Il più grande è quello che avviene nel ghetto di Roma, il 16 ottobre.

1944: il 30 gennaio vengono deportate 605 persone. Partono dal Binario 21, nei sotterranei della Stazione Centrale di Milano, e da qui caricate su vagoni merci per essere trasportate in Polonia, destinazione finale: Auschwitz-Birkenau. Da quel viaggio sono tornati in 22. Tra loro c'è anche Liliana.

Oggi il Binario 21 è diventato il Memoriale della Shoah di Milano.

Il 4 giugno viene liberata Roma dagli Alleati, che il 6 giugno sbarcano in Normandia.

1945: il campo di Auschwitz-Birkenau viene evacuato dai tedeschi che tentano di sfuggire all'avanzata dell'Unione Sovietica. I prigionieri vengono fatti camminare per migliaia di chilometri in condizioni disperate, per evitare che il mondo sappia cosa accadeva nei campi di sterminio. Sono le cosiddette "marce della morte". Tante città italiane vengono liberate dalle forze alleate che combattono al fianco dei partigiani. L'esercito di Hitler è in ritirata ovunque. A maggio i nazisti firmano la resa incondizionata.

1946: molti dei responsabili dello sterminio degli ebrei (ma anche di persone rom, omosessuali, disabili, testimoni di Geova) sono ritenuti colpevoli di crimini contro l'umanità e condannati durante il Processo di Norimberga, di fronte al Tribunale Militare Internazionale.

In Italia, il referendum istituzionale decreta la fine della monarchia e l'inizio della Repubblica Parlamentare.

1948: entra in vigore la nuova Costituzione italiana.

Indice

Finito di stampare nel mese di luglio 2023
presso Grafica Veneta S.p.A.
Via Malcanton, 2 – Trebaseleghe (PD) – Printed in Italy